ESSENTIAL ELEMENTS
PARA CUERDAS

MÉTODO COMPRESIVO PARA INSTRUMENTOS DE CUERDAS

MICHAEL ALLEN • ROBERT GILLESPIE • PAMELA TELLEJOHN HAYES
ARREGLOS DE JOHN HIGGINS

Traducido al español por Vilma Peguero y Dr. Angela Holguin-Veras

¡FELICIDADES! Has tomado una de las decisiones más gratificantes de tu vida al unirte a la orquesta. La clave para tener éxito con *Essential Elements for Strings* es tu compromiso con la práctica diaria. Cada vez que aprendes una nueva nota, cuentas un nuevo ritmo o tocas una melodía con un amigo, tú te conviertes en un músico más completo. A medida que continúes desarrollando tus habilidades, te darás cuenta de la gran cantidad de oportunidades que estarán disponibles en el futuro. Los músicos pueden enseñar, interpretar, dirigir, o componer. No importa la profesión que elijas, siempre habrá oportunidades disponibles para ti. Puedes tocar en orquestas comunitarias, cívicas o de iglesia, asistir a conciertos y convertirte en un defensor de las artes. Ya sea que elijas la música como vocación o afición, esperamos que se convierta en una parte importante de tu vida. Estamos encantados de darte la bienvenida a nuestra familia orquestal y te deseamos lo mejor para toda una vida de éxito musical.

HISTORIA DEL CONTRABAJO

La familia de instrumentos de cuerda incluye el violín, la viola, el violonchelo y el contrabajo. El contrabajo—o simplemente "bajo"—es el más versátil de todos. Tiene un papel fundamental en muchos géneros musicales, como la orquesta sinfónica, el jazz, la banda de concierto y la música bailable, proporcionando la base armónica.

Su sonido es mucho más grave que el del violonchelo y su afinación es diferente a la de los demás instrumentos de cuerda. Se atribuye a Gasparo da Salo la creación del contrabajo en su forma actual. Otros fabricantes destacados incluyen a Carlo Giuseppe Testore, Carlo Bergonzi y John Frederich Lott.

Casi todos los compositores han escrito música para el contrabajo, entre ellos Johann Sebastian Bach, Ludwig van Beethoven y Piotr Ilich Tchaikovsky. Intérpretes famosos del contrabajo incluyen a Gary Karr, François Rabbath, Ron Carter, Milt Hinton, Ray Brown, Edgar Meyer, Esperanza Spalding y Hal Robinson.

Para crear una cuenta, visita:
www.essentialelementsinteractive.com
Codigo de activacion de estudiante
E1DB-ES13-6600-8537

ISBN 979-835015946-2

EL CONTRABAJO

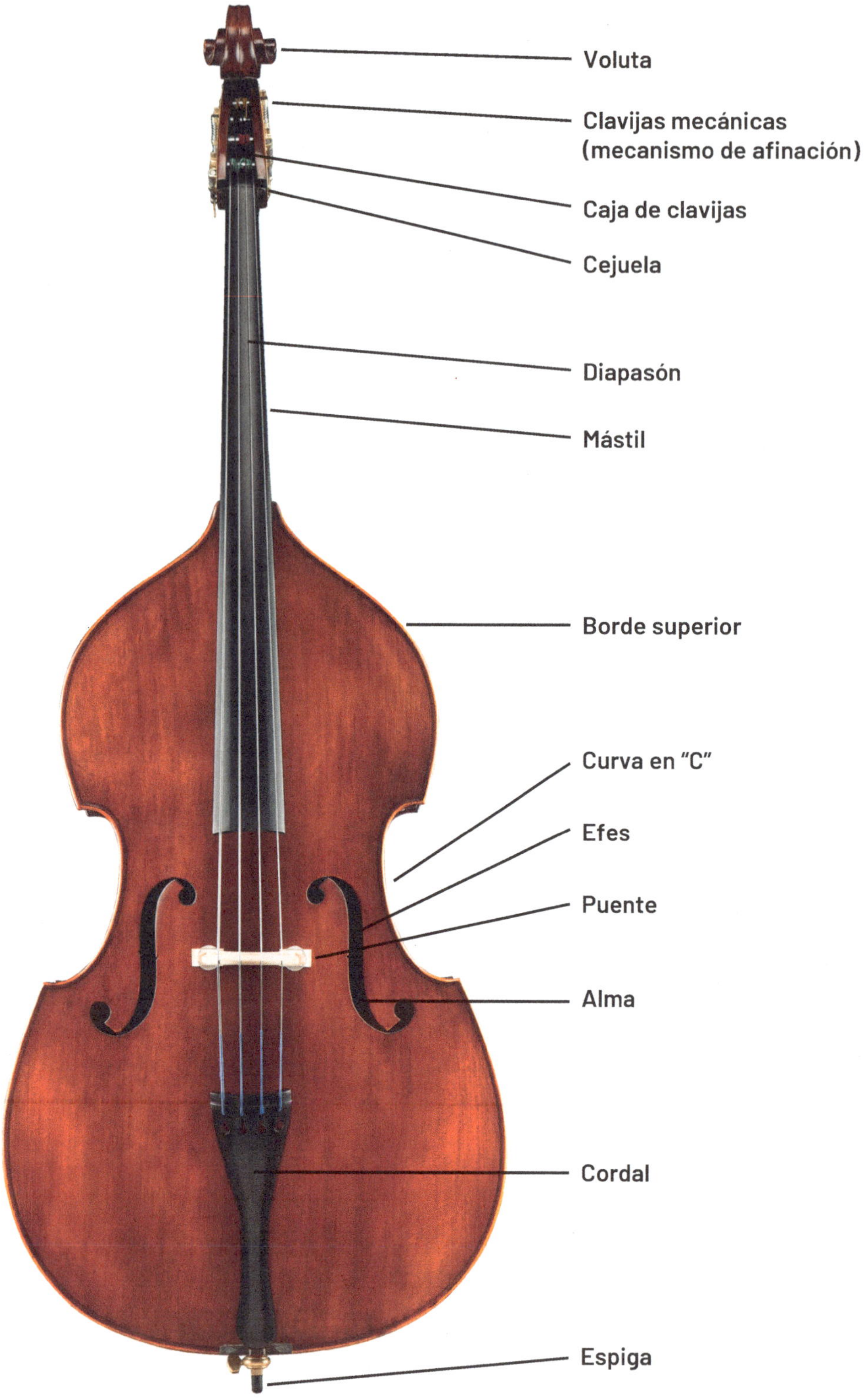
Voluta
Clavijas mecánicas
(mecanismo de afinación)
Caja de clavijas
Cejuela
Diapasón
Mástil
Borde superior
Curva en "C"
Efes
Puente
Alma
Cordal
Espiga

Cuidados Especiales

Los instrumentos de cuerda son delicados. Sigue las indicaciones de tu profesor para cuidar tu instrumento, y te durará toda la vida.

- Sigue las instrucciones de tu profesor al sacar el instrumento del estuche.
- Protege tu instrumento del calor, del frío y de los cambios bruscos de temperatura.
- Limpia siempre el instrumento con un paño suave y seco. Asegúrate de quitar todas las huellas y la resina.

Accesorios

- Resina
- Paño suave
- Banquillo (opcional)

Los instrumentos y las fotos son cortesía de Eastman Music Company.

EL ARCO

Francés
Punta
Vara
Cerdas
Enrollado
Virola
Talón
Tornillo de adjuste
Alemán

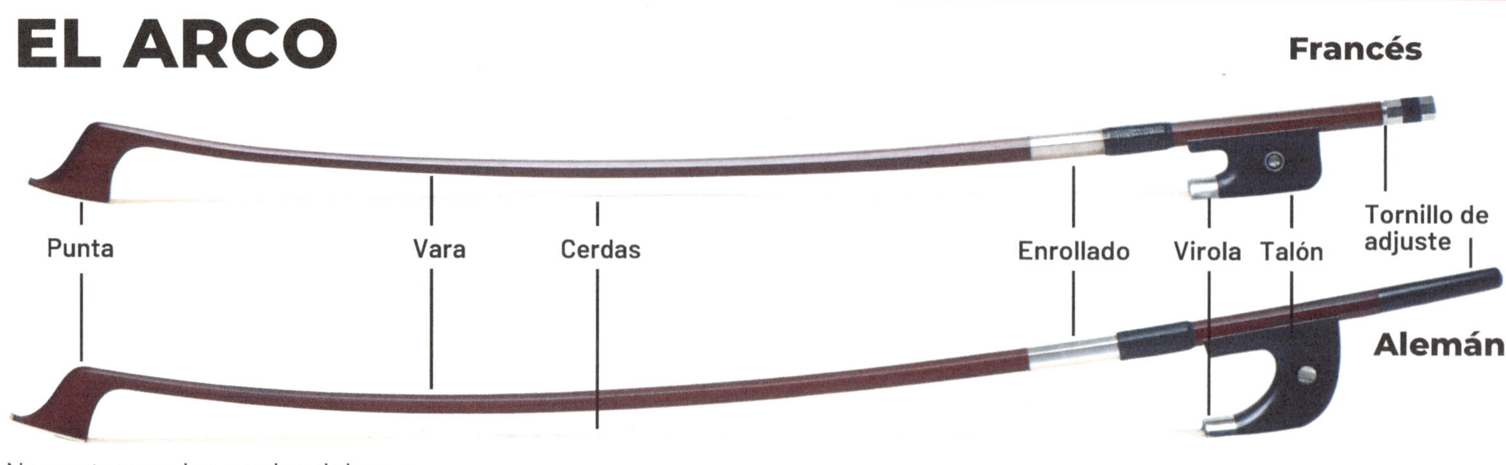

Nunca toques las cerdas del arco

SOSTENIENDO TU INSTRUMENTO

La mejor manera de aprender a tocar tu instrumento es practicar una habilidad a la vez. Repite cada paso hasta sentirte cómodo para demostrarlo a tu profesor y compañeros.

Sostener el contrabajo (sentado)

Paso 1 Saca el arco del estuche y colócalo en un lugar seguro. Abre el estuche y saca el contrabajo. Identifica todas las partes del contrabajo.

Paso 2 Ajusta la longitud de la espiga (end pin) de modo que la cejuela (nut) del contrabajo esté cerca de la parte superior de tu frente al estar de pie.

Paso 3 Siéntate derecho en la parte delantera del banquillo, con el pie derecho en el suelo y el pie izquierdo sobre un travesaño del banquillo. Coloca la espiga frente a tu pie izquierdo, aproximadamente a la distancia de un brazo.

Paso 4 Gira ligeramente el contrabajo hacia la derecha e inclínalo hacia tu cuerpo, de modo que el borde superior se apoye contra el lado izquierdo de tu abdomen. Identifica las letras de cada cuerda: Mi (la más grave), La, Re, Sol. Levanta el dedo índice derecho sobre las cuerdas y tócales según las indicaciones de tu profesor. Tocar las cuerdas con los dedos se llama *pizzicato*, y se abrevia como *pizz*.

Sostener el contrabajo (de pie)

Paso 1 Saca el arco del estuche y colócalo en un lugar seguro. Abre el estuche y saca el contrabajo. Identifica todas las partes del contrabajo.

Paso 2 Ajusta la longitud de la espiga de modo que la cejuela del contrabajo esté cerca de la parte superior de tu frente al estar de pie.

Paso 3 Coloca la espiga frente a tu pie izquierdo, aproximadamente a la distancia de un brazo. Coloca el pie izquierdo ligeramente hacia adelante.

Paso 4 Gira ligeramente el contrabajo hacia la derecha e inclínalo hacia tu cuerpo, de modo que el borde superior se apoye contra el lado izquierdo de tu abdomen. Identifica las letras de cada cuerda: Mi (la más grave), La, Re, Sol. Levanta el dedo índice derecho sobre las cuerdas y tócales según las indicaciones de tu profesor. Tocar las cuerdas con los dedos se llama *pizzicato*, y se abrevia como *pizz*.

La estudiante que aparece es miembro de la Orquesta Sinfónica Juvenil de Milwaukee

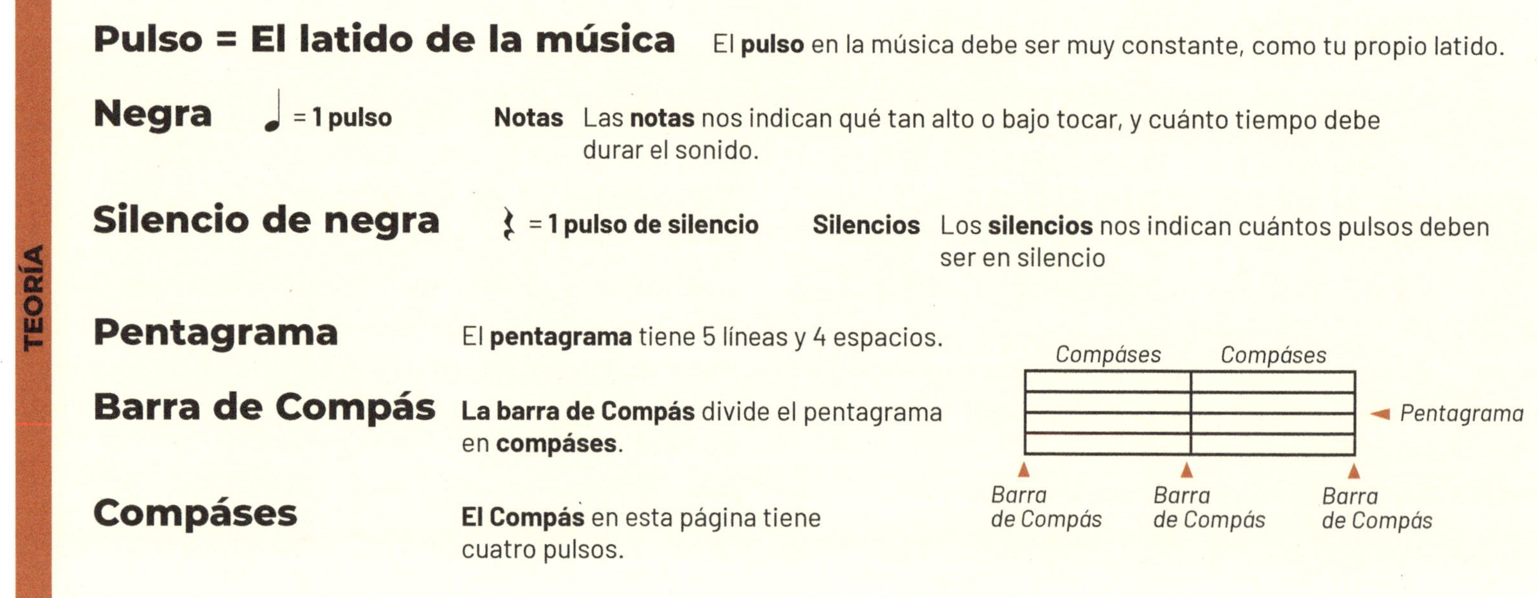

TEORÍA

Pulso = El latido de la música El **pulso** en la música debe ser muy constante, como tu propio latido.

Negra ♩ = **1 pulso** **Notas** Las **notas** nos indican qué tan alto o bajo tocar, y cuánto tiempo debe durar el sonido.

Silencio de negra 𝄽 = **1 pulso de silencio** **Silencios** Los **silencios** nos indican cuántos pulsos deben ser en silencio

Pentagrama El **pentagrama** tiene 5 líneas y 4 espacios.

Barra de Compás **La barra de Compás** divide el pentagrama en **compáses**.

Compáses **El Compás** en esta página tiene cuatro pulsos.

1. Pista de afinación *Espera en silencio mientras tu profesor afina tu instrumento.*

2. Toquemos la cuerda Re al aire

Pizzicato (pizz.) ◄ *puntear o pulsar la cuerda*

0 ◄ *Cuerda al aire.*

3. Toquemos la cuerda La al aire

pizz.

0

Mantén el pulso constante.

4. Dos es un equipo

pizz.

re re re | la la la | re re la la | re re re

5. En la puerta de Pierrot *La melodía está incluida en el audio en línea.*

pizz.

re re re la | re la | re re la la | re la re

6. Salto de tijera *Antes de tocar, identifica la clave y el compás.*

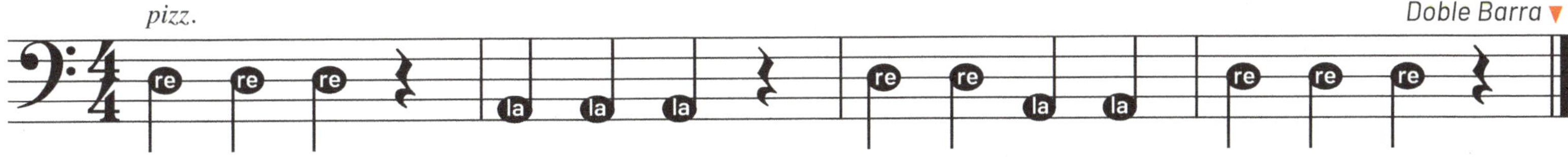

7. Mézclalos

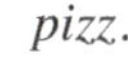

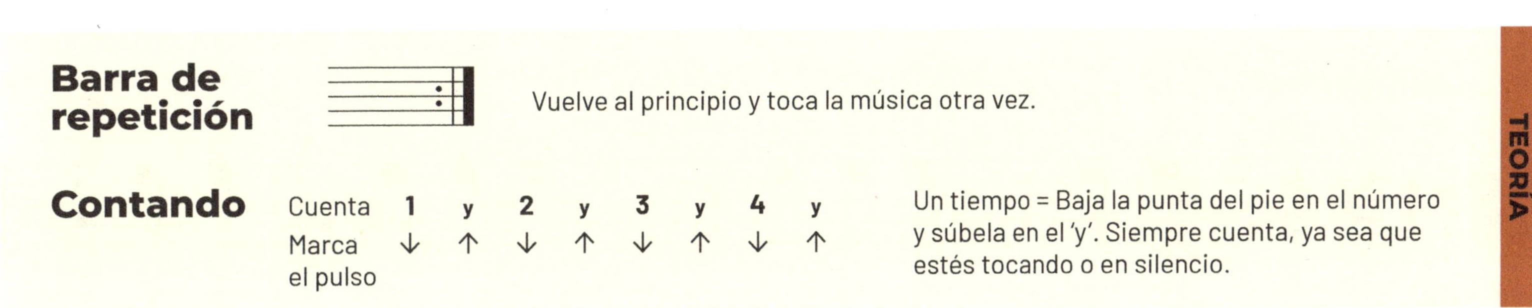

8. Contando cuidadosamente *Mantén el pulso estable cuando estés tocando o en los silencios..*

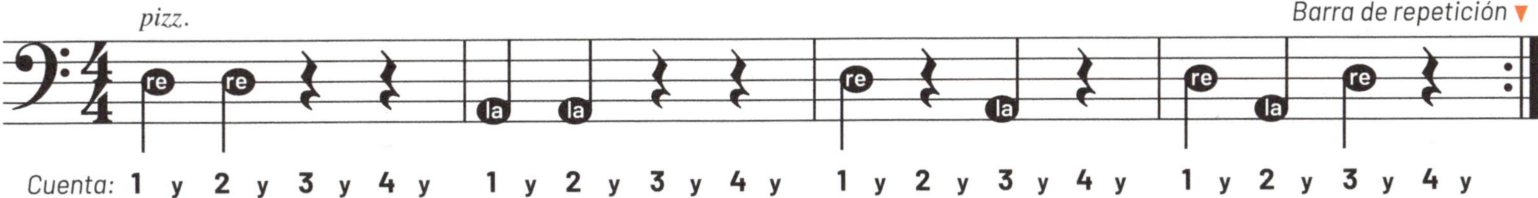

9. Pequeño examen de ESSENTIAL ELEMENTS *Escribe los pulsos antes de tocar.*

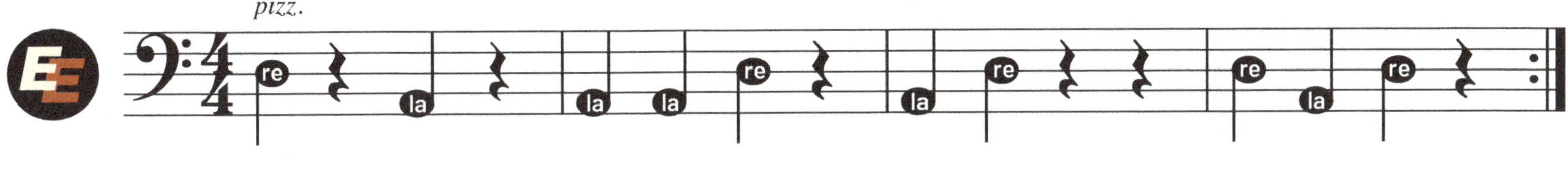

FORMANDO LA MANO IZQUIERDA

LAS NOTAS EN LA CUERDA RE

Paso 1 Da forma a tu mano izquierda como se muestra. Asegúrate de que la palma esté orientada hacia ti.

0 = Cuerda al aire
1 = Primer dedo
2 = Segundo dedo
3 = Tercer dedo
4 = Cuarto dedo

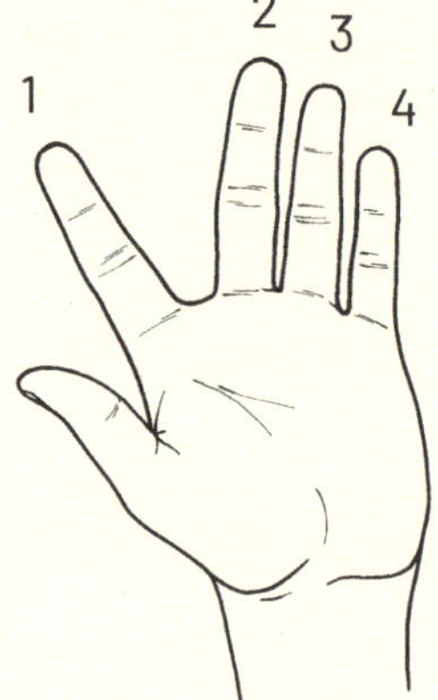

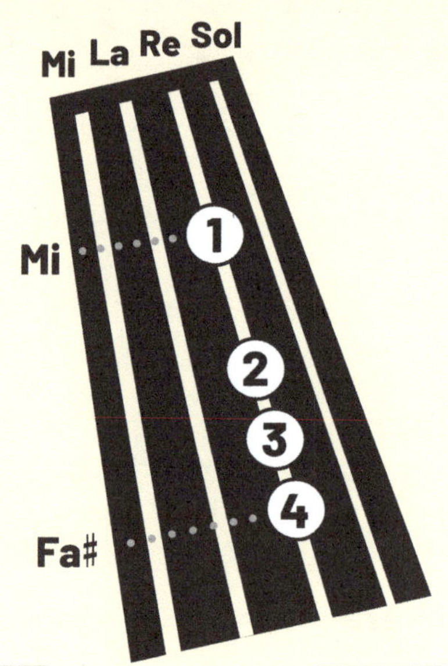

Paso 2 Lleva tu mano izquierda al diapasón. Coloca los dedos sobre la cuerda Re, manteniendo la forma de la mano como se indicó. Asegúrate de que el pulgar esté detrás del segundo dedo y ligeramente doblado.

Fa♯

se toca con 4 dedos en la cuerda Re.

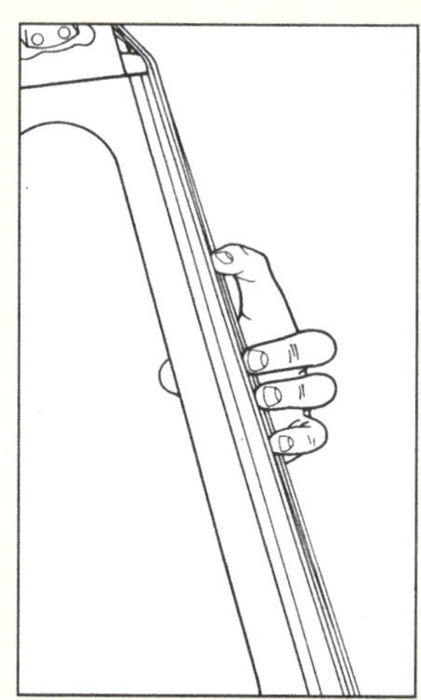

Mi

se toca con 1 dedo en la cuerda Re.

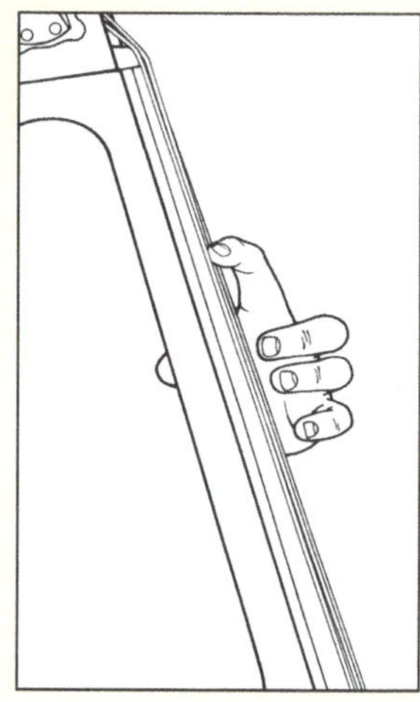

Habilidades de escucha Toca lo que toca tu maestro. Escucha con atención.

10. Leamos "Sol" *Memoriza el nombre de las notas.*

TEORÍA

El sostenido ♯

El símbolo de sostenido sube el sonido de las notas y se mantiene por el compás completo.
Las notas sin el símbolo de sostenido se llaman "naturales".

11. Leamos "Fa♯" (Fa-sostenido)

▲ *Toca todos los fa♯. Los sostenidos se mantienen por todo el compás.*

12. Despegando

▲ *Mantén los dedos abajo cuando veas este corchete.*

 ¿Está tu mano izquierda colocada como se muestra en los diagramas de arriba?

 *Consulta la contraportada para obtener información sobre cómo acceder a los videos instructivos.*

FORMANDO LA MANO DERECHA

CONSTRUCTOR DEL ARCO UNO *(Estilo francés)*

Constructor Del Arco Uno se demuestra en el video en línea, mostrando tanto la postura francesa como la alemana del arco.

Sujeción del lápiz

Paso 1 Sostén un lápiz con la mano izquierda a la altura de la cintura.

Paso 2 Coloca la punta del pulgar derecho entre la primera y segunda articulación del segundo dedo.

Paso 3 Coloca el lápiz entre el pulgar y el segundo dedo, manteniendo el pulgar suavemente curvado.

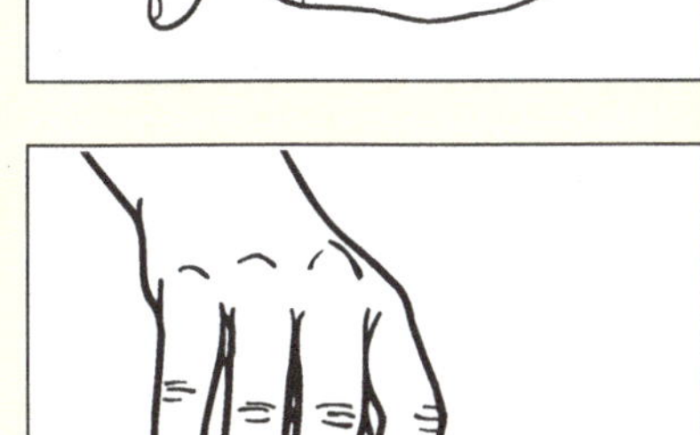

Paso 4 El lápiz debe tocar los tres primeros dedos entre la primera y segunda articulación, y tocar el cuarto dedo en la primera articulación, como se muestra.

Paso 5 Retira la mano izquierda del lápiz. Mantén los dedos relajados. Practica la forma de la mano sobre el lápiz hasta que se sienta natural para ti.

 Practica el CONSTRUCTOR DEL ARCO UNO todos los días

13. En el sendero *Decir o cantar los nombres de las notas antes de tocarlas.*

14. Leamos "Mi"

Mi

15. De paseo

16. Pequeño examen de ESSENTIAL ELEMENTS

Dibuja los símbolos que faltan en su lugar antes de tocar:

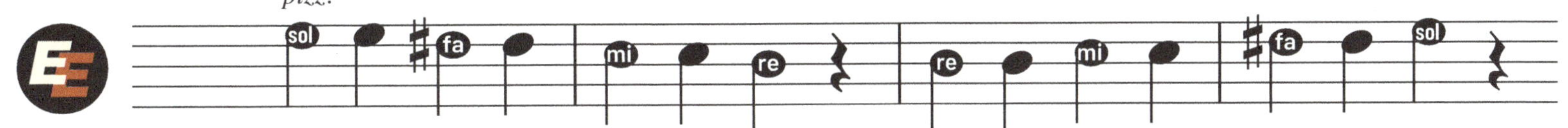

CONSTRUCTOR DEL ARCO DOS 

Ejercicios con el lápiz *(Solo para arco francés)*

Me voy de aquí
Despídete con la mano mientras mantienes la muñeca relajada.

Flexores del pulgar
Flexiona el pulgar hacia adentro y hacia afuera.

Toques de dedos
Toca con el primer dedo. Luego toca con el cuarto dedo.

Giros de nudillo
Gira la mano y asegúrate de que el nudillo del pulgar esté doblado, como se muestra.

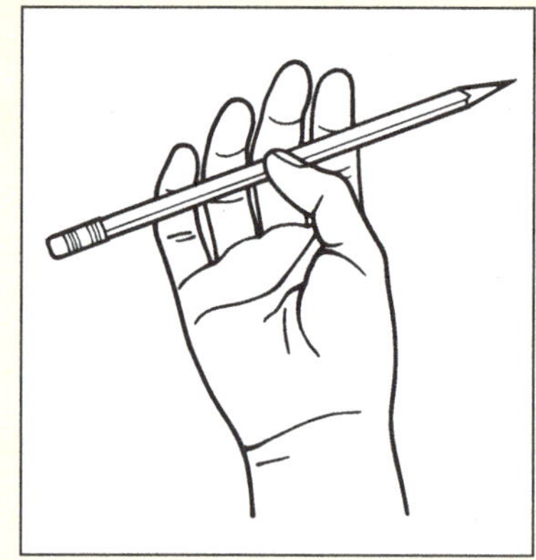

Giros de nudillo

CONSTRUCTOR DEL ARCO TRES 

Movimientos del arco

El péndulo *(Arco francés y alemán)*
Deja caer el brazo a tu costado. Manteniendo el codo recto, balancea el brazo hacia adelante y hacia atrás como un péndulo.

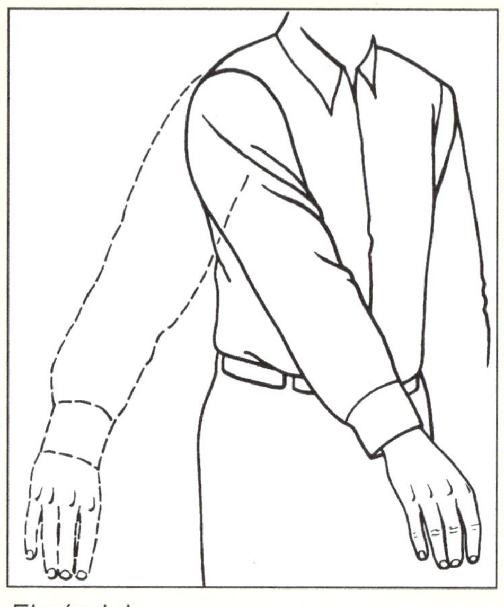

El péndulo

17. Rayuela

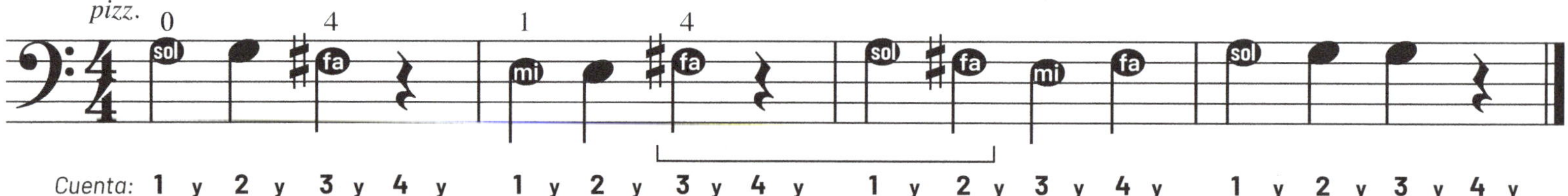

HISTORIA

Las canciones folclóricas han sido una parte importante de las culturas durante siglos y se han transmitido de generación en generación. Las melodías de las canciones folclóricas ayudan a definir el sonido de una cultura o región. Esta canción folclórica proviene de la región eslava de Europa del Este.

18. Baile de la mañana

Canción Eslava

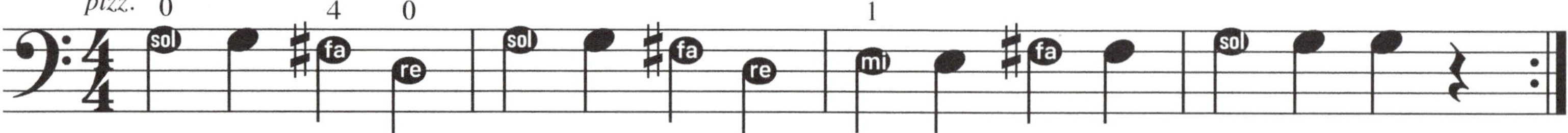

19. Rodando suavemente

(continua en la línea siguiente)

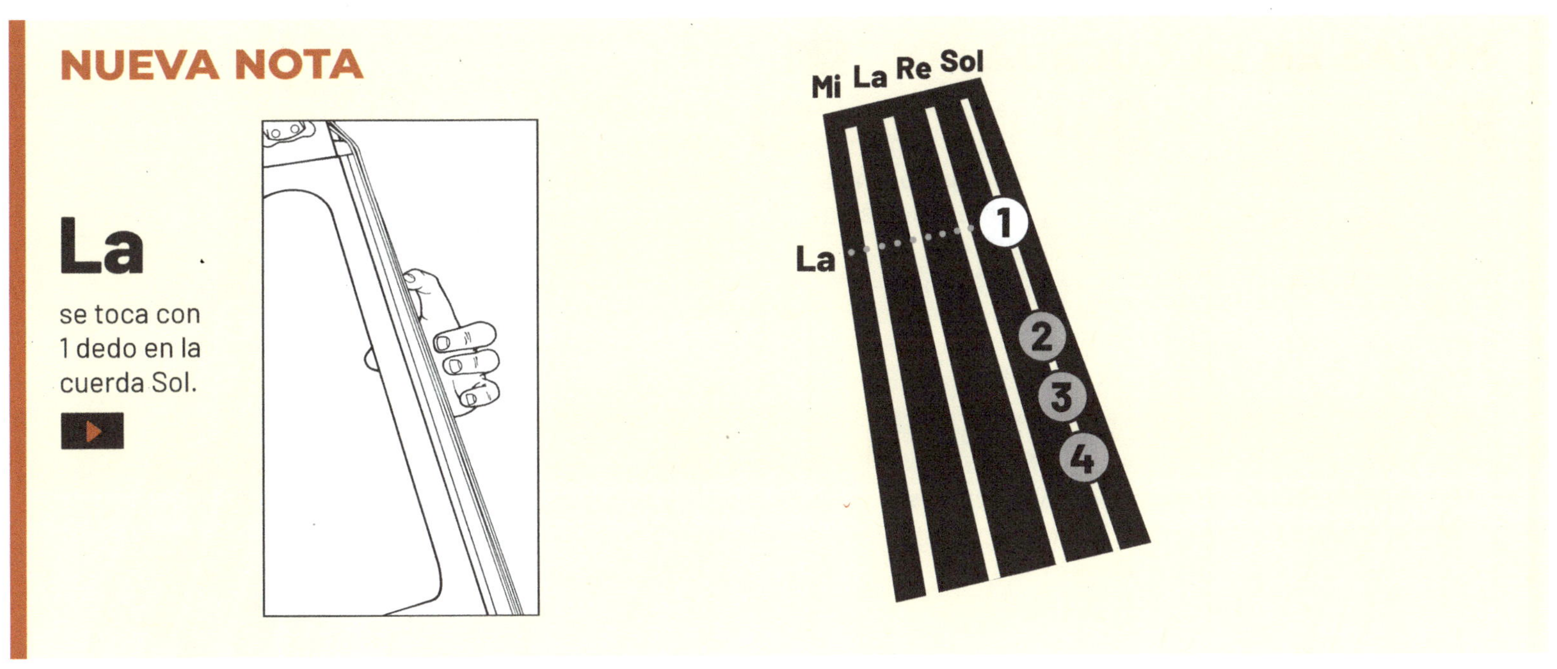

20. El Buen Rey Wenceslao

Canción popular Galesa

21. Canto Seminola

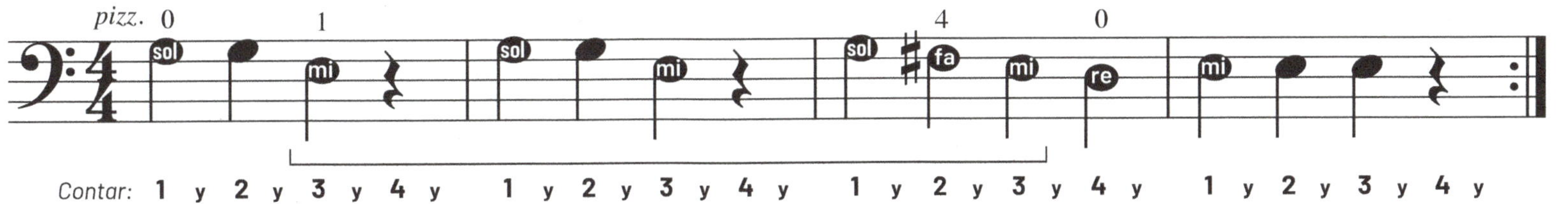

22. Pequeño examen de ESSENTIAL ELEMENTS – Remando suavemente

Los ejercicios para la mano izquierda "Finger Taps" y "Strummin' Along" se demuestran en el video en línea.

NOTAS EN LA CUERDA SOL

Re se toca con 4 dedos en la cuerda Sol en tercera posición (III).

Do♯ se toca con 2 dedos en la cuerda Sol en tercera posición (III).

Si se toca con 4 dedos en la cuerda Sol en primera posición (I).

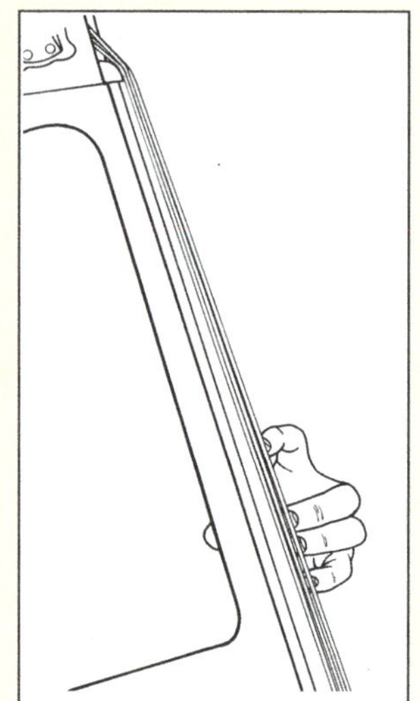

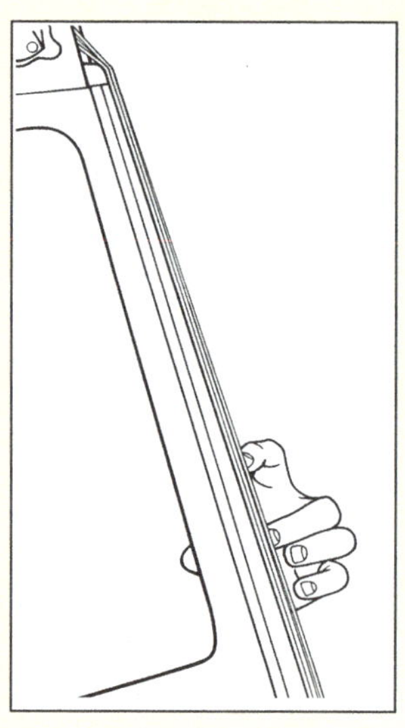

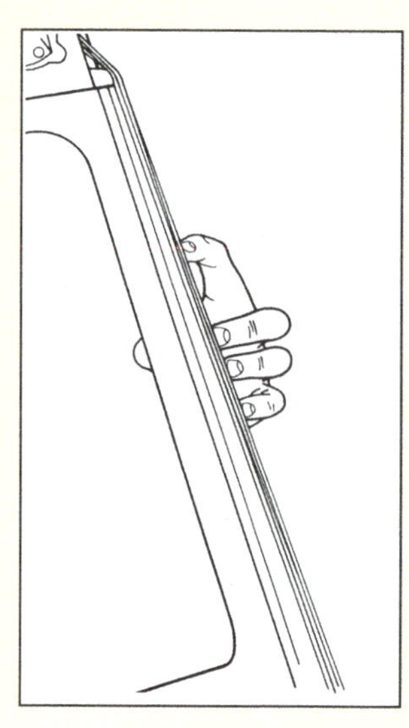

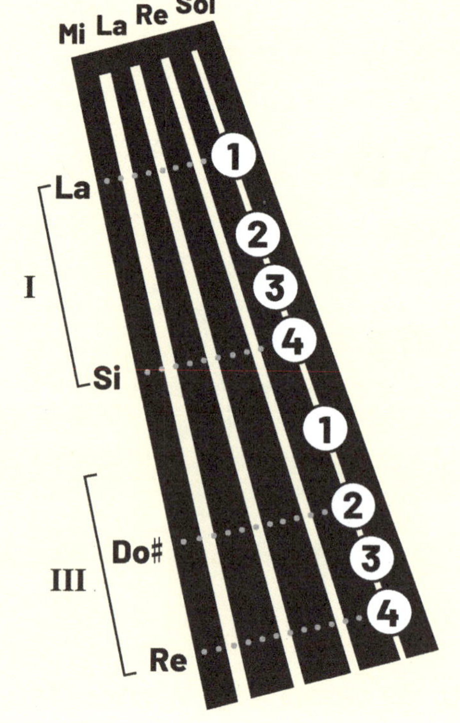

Habilidades de escucha Toca lo que toca tu maestro. Escucha con atención.

TEORÍA

Líneas adicionales

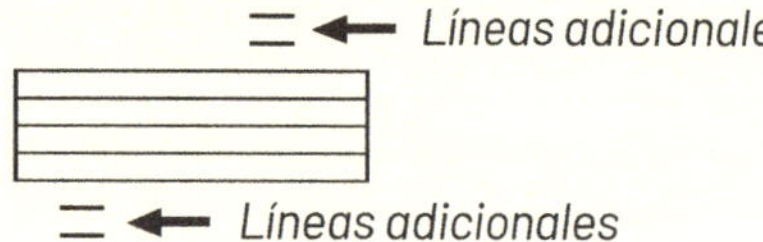

Las líneas adicionales extienden el pentagrama hacia arriba o hacia abajo.

23. Leamos "Re"

24. Leamos "Do♯" (Do sostenido)

▲ *Toca todos los Do♯. El sostenido se mantiene durante todo el compás.*

25. Despegando

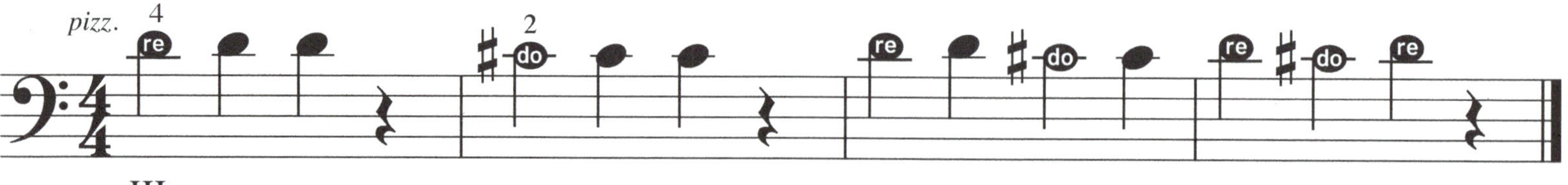

26. Isla Caribeña

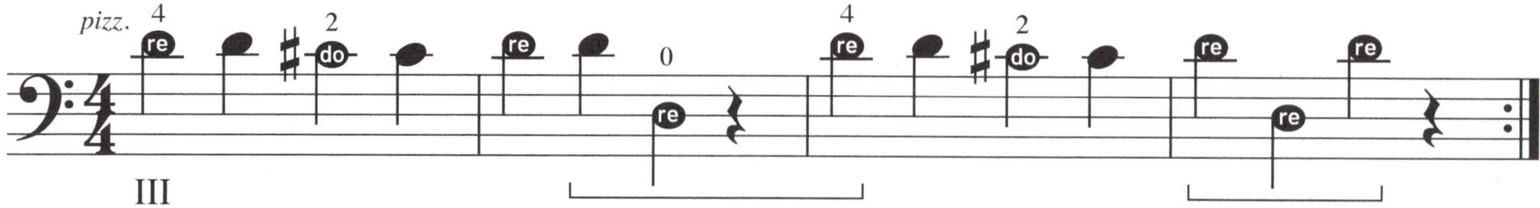

★ Practica los Ejercicios del Arco UNO, DOS, y TRES todos los días.

27. Salto Olímpico

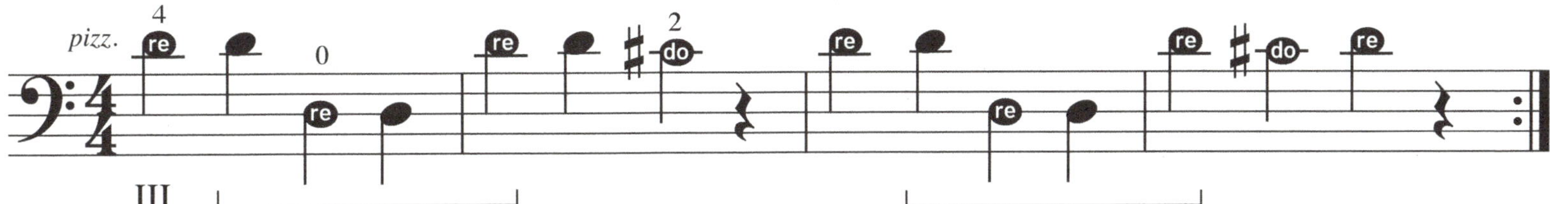

28. Leamos "Si"

Si

Shifting

Desliza suavemente y con ligereza la mano izquierda hacia una nueva posición en el diapasón, indicada por un guion (–).

29. Descendiendo

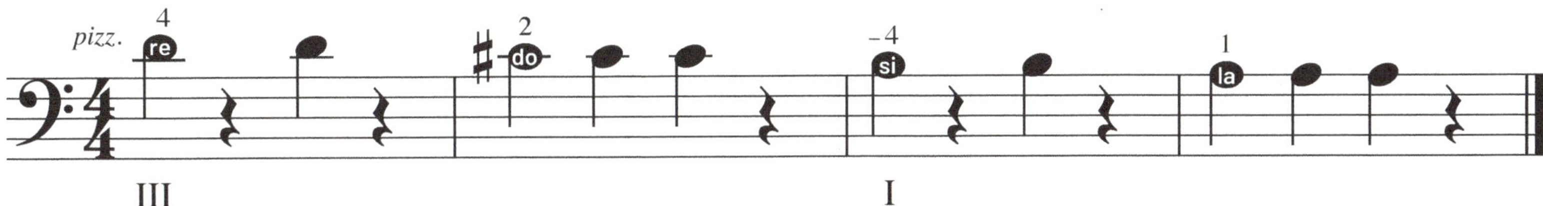

30. Ascendiendo

La Escala

Una escala, es una secuencia en orden, de notas que ascienden y descienden. Es como una "escalera musical" donde cada nota es el siguiente escalón. Esta es la escala de Re. La primera y la última nota son la nota Re.

TEORÍA

31. Bajando la escala de Re *Recuerda memorizar los nombres de las notas.*

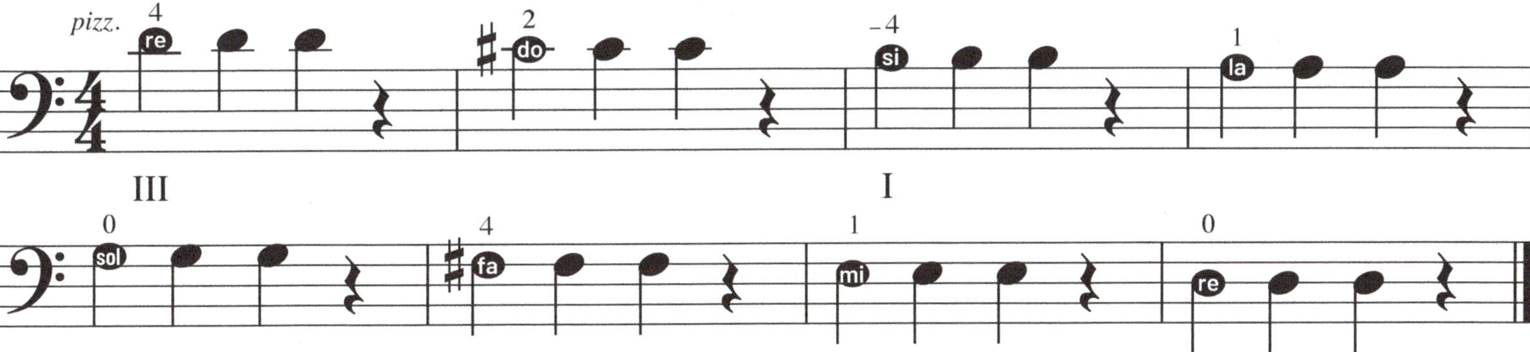

32. Pequeño examen de ESSENTIAL ELEMENTS – Subiendo la escala de Re

CONSTRUCTOR DEL ARCO CUATRO

Sobre el arco *(Estilo francés)*

Paso 1 Identifica todas las partes del arco (ver página 2). Sujeta el arco con la mano izquierda cerca de la punta, con la nuez apuntando hacia la derecha.

Paso 2 Coloca la nuez en tu mano derecha, apoyándola en las articulaciones base de los dedos.

Paso 3 Coloca el pulgar sobre el arco, mientras las puntas del primer y segundo dedo tocan el costado de la vara y la nuez.

Paso 4 Engancha el cuarto dedo debajo de la nuez, tocando la virola. Permite que el tercer dedo se curve y se relaje.

Paso 5 Sujeta el arco y repite los ejercicios de la página 8.

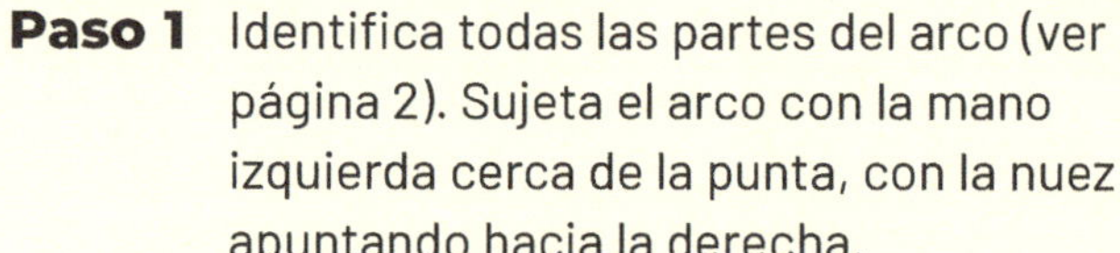

Sobre el arco *(Estilo alemán)*

Paso 1 Identifica todas las partes del arco (ver página 2). Sujeta el arco con la mano izquierda cerca de la punta, con la nuez apuntando hacia la derecha.

Paso 2 Coloca la nuez en tu mano derecha, apoyándola en las articulaciones base de los dedos.

Paso 3 Coloca el pulgar sobre el arco, mientras las puntas del primer y segundo dedo tocan el costado de la vara y la nuez.

Paso 4 Engancha el cuarto dedo debajo de la nuez, tocando la virola. Permite que el tercer dedo se curve y se relaje.

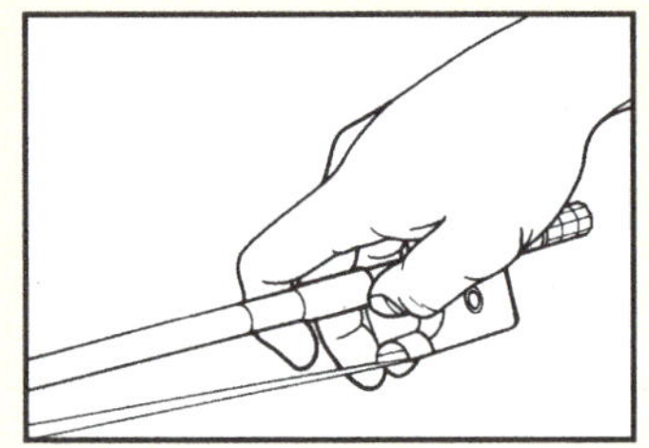

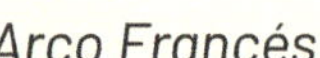

Arco Francés

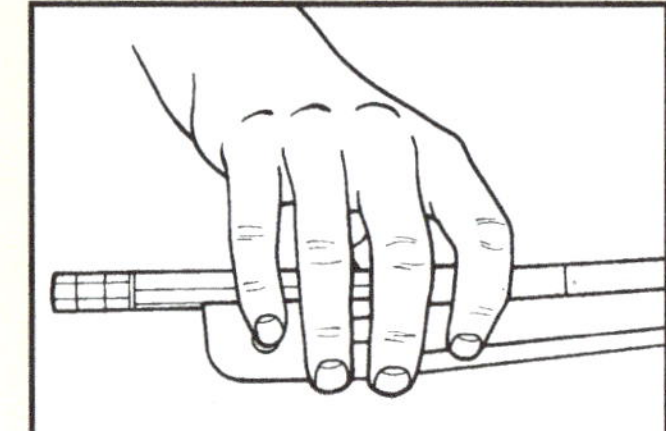

Arco Francés

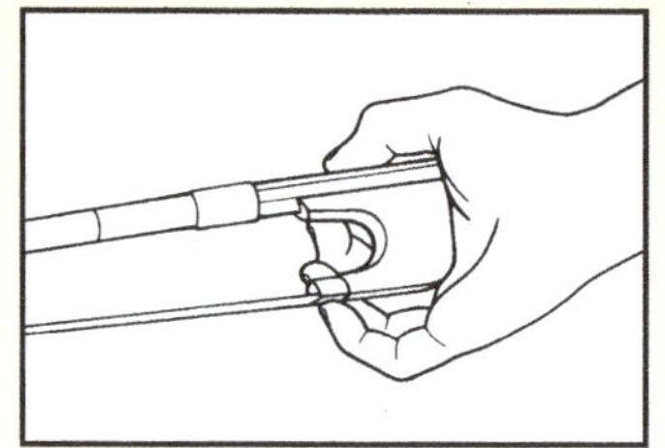

Arco Alemán

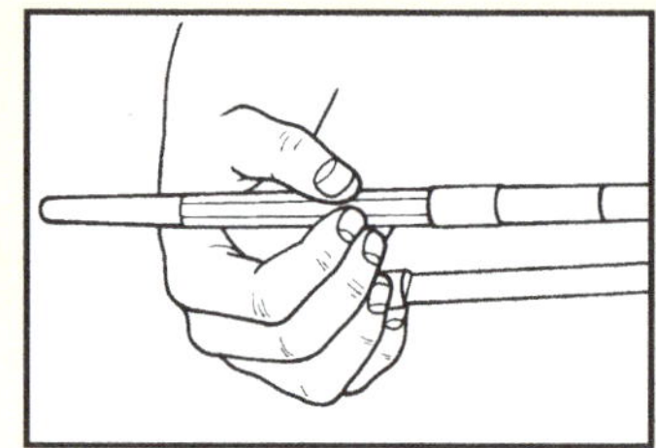

Arco Alemán

ALERTA No pongas el arco en el instrumento hasta que tu profesor te lo indique.

33. Canción para Cristina

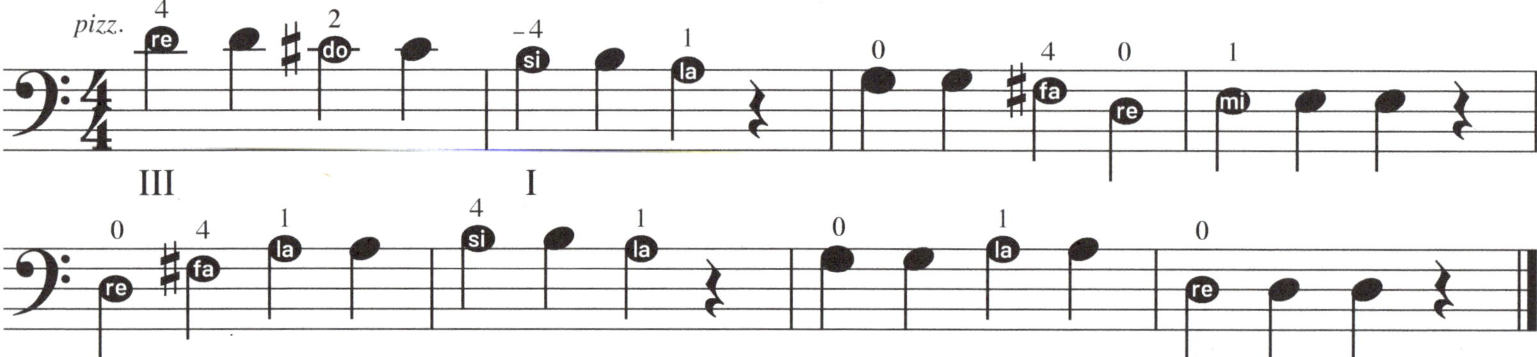

34. La rosa de Natalia *Recuerda contar.*

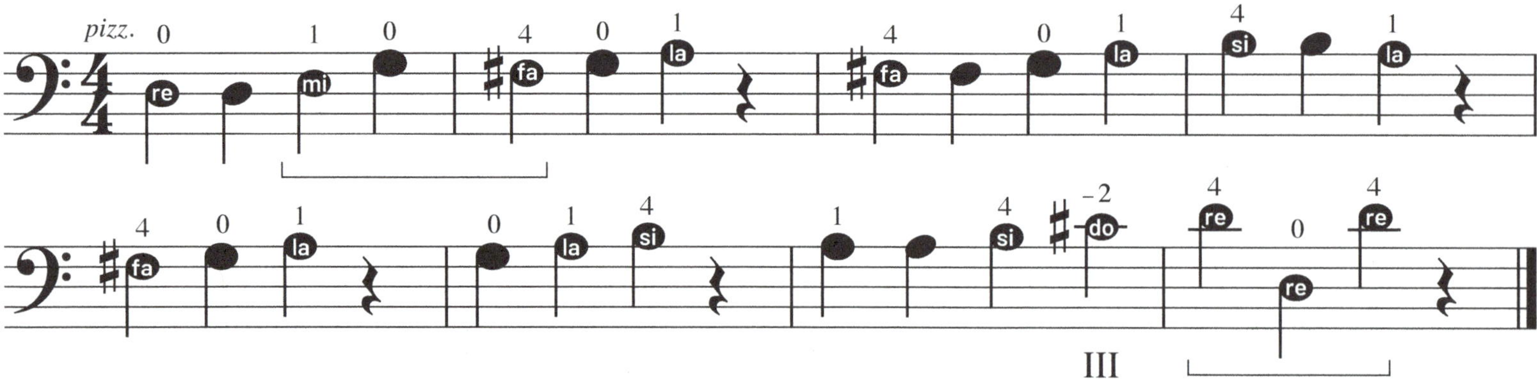

35. Creatividad esencial *Escribe el nombre de las notas en las líneas de abajo.*

Las canciones folclóricas suelen contar historias. Esta **canción israelí** describe un juego que es una tradición familiar centenaria. En este juego se utiliza un dreidel, el cual es un trompo de madera. El juego es especialmente popular en diciembre, cuando se celebra Hanukkah.

36. Dreidel

Canción popular Israelí

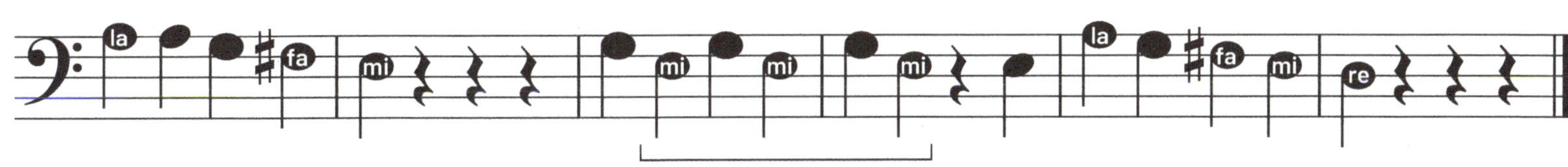

EJERCICIOS DEL ARCO CINCO

Arco Sombra

Arco sombra es mover el arco sin tocar las cuerdas.

Paso 1 Aprieta las cerdas del arco como indicó el profesor.

Paso 2 Toma la resina con la mano izquierda. Agarra el arco en el punto de balance.

Paso 3 Arco simulado. Pon el arco sobre la resina y muévelo de un lado a otro lentamente. Asegúrate de solamente mover el arco.

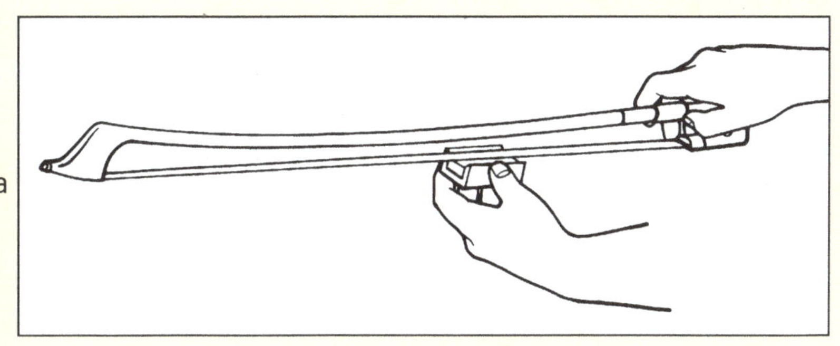

Arco abajo ⊓ Mueve el arco alejándolo de tu cuerpo (hacia la derecha)

Arco arriba V Mueve el arco hacia tu cuerpo (hacia la izquierda)

37. El Rap de la resina #1 *Toca estos ejercicios con el arco sobre la resina.*

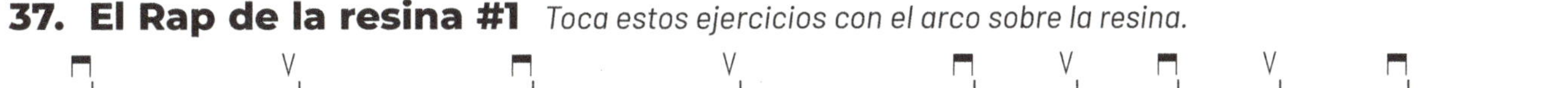

38. El Rap de la resina #2

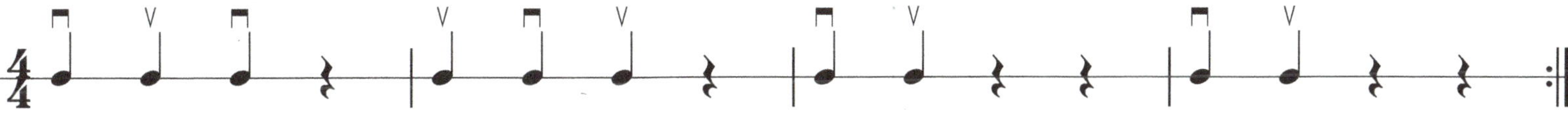

39. El Rap de la resina #3

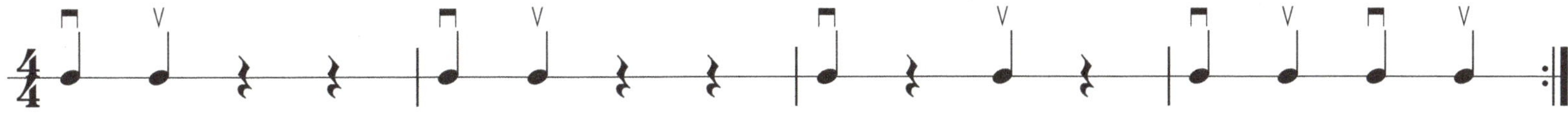

 ¿Tu mano derecha, tiene la misma forma que muestra el diagrama de arriba?

Revisa estas notas. Escribe los nombres en el espacio debajo de cada nota.

40. Brisa de Carolina

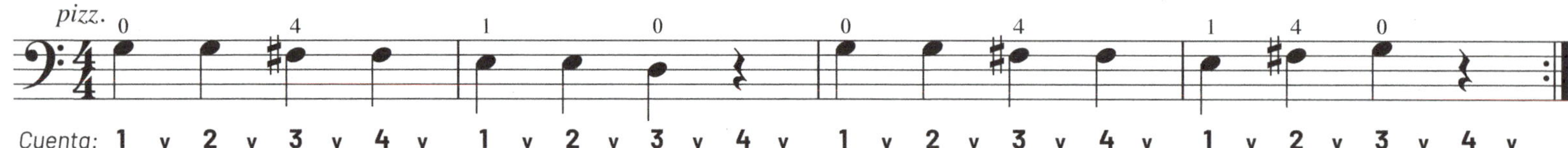

Cuenta: **1** y **2** y **3** y **4** y **1** y **2** y **3** y **4** y **1** y **2** y **3** y **4** y **1** y **2** y **3** y **4** y

41. Cascabel

J. S. Pierpont

42. Old Macdonald Had A Farm

Canción folclórica estadounidense

★ Practica los EJERCICIOS DEL ARCO CINCO todos los días.

HISTORIA

El compositor austriaco **Wolfgang Amadeus Mozart** (1756–1791) fue un niño prodigio que dio su primer concierto a los 6 años. Vivió durante la época de la Revolución Americana (1775–1783). La música de Mozart es melódica e imaginativa. Escribió cientos de composiciones, incluida una pieza para piano basada en esta canción familiar.

43. Una melodía de Mozart

Adaptada por W. A. Mozart

TEORÍA

Armadura de clave Re Mayor

La **armadura de clave** nos indica qué notas deben tocarse con sostenidos o bemoles a lo largo de toda la pieza. Cuando veas esta armadura de clave que se llama "Re Mayor", toca todas las notas Fa, como Fa♯ (Fa - sostenido) y todas las notas Do, como Do♯ (Do - sostenido).

44. La marcha de Mateo

Cuando veas esta armadura de clave toca los Do♯ y los Fa♯.

45. La melodía de Christopher

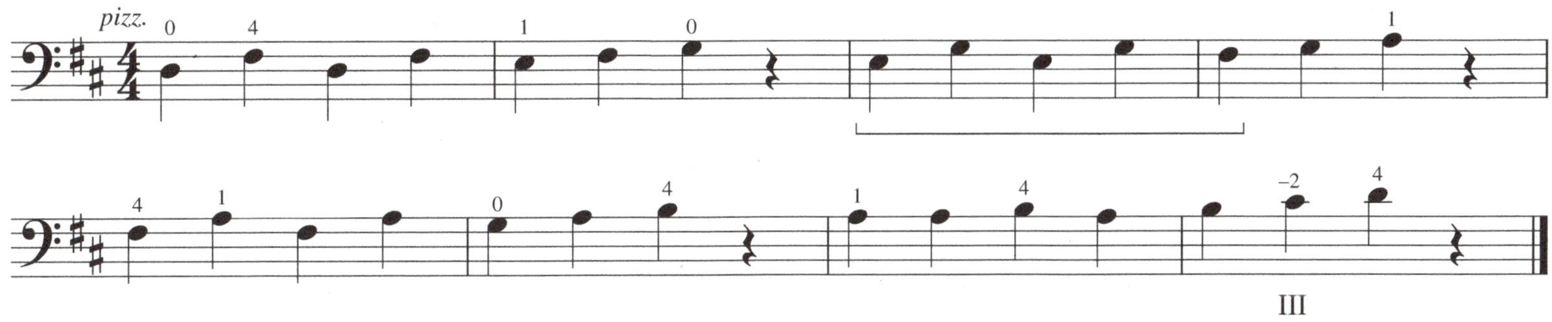

46. Creatividad esencial

Toca las notas que aparecen a continuación. Luego puedes componer tu propia música, para los dos últimos compases utilizando las notas que has aprendido con este ritmo:

EJERCICIO DEL ARCO SEIS

Vamos a tocar con el arco

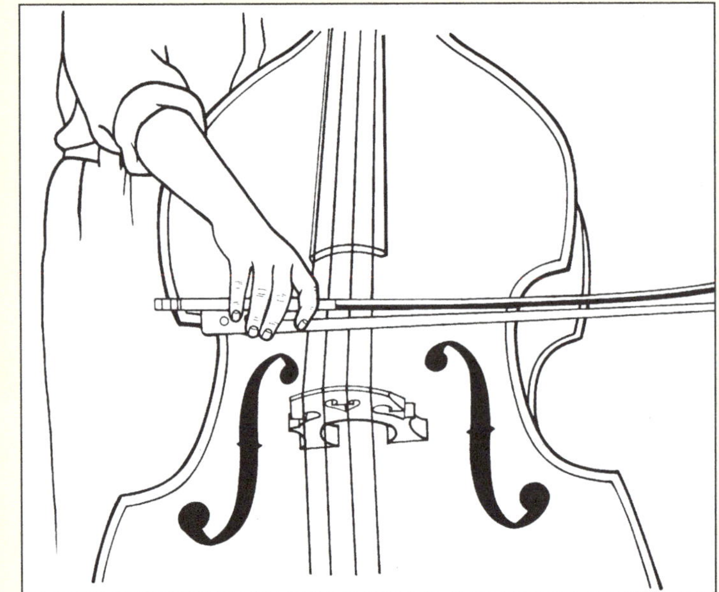

Agarre de arco francés

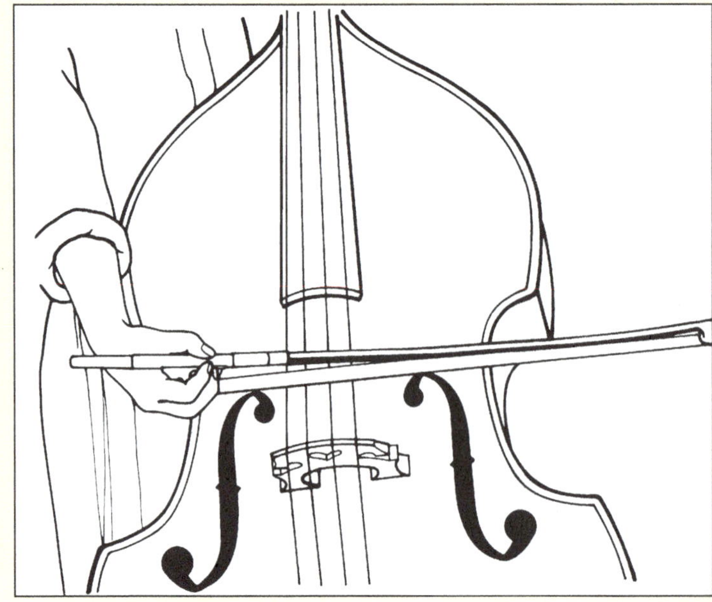

Agarre del arco alemán

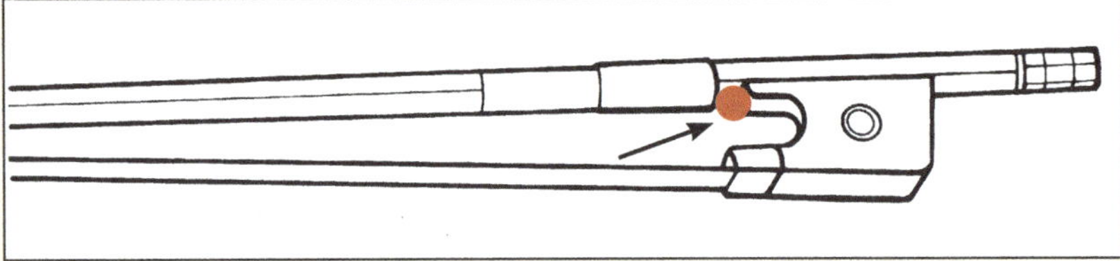

Colocación del Pulgar (Estilo francés)

HABILIDADES AUDITIVAS

Repite lo que toca tu profesor. Escucha con atención. Tu sonido debe ser suave y uniforme.

47. Toca en la cuerda Re

▼ *Toca con el arco en la cuerda.*

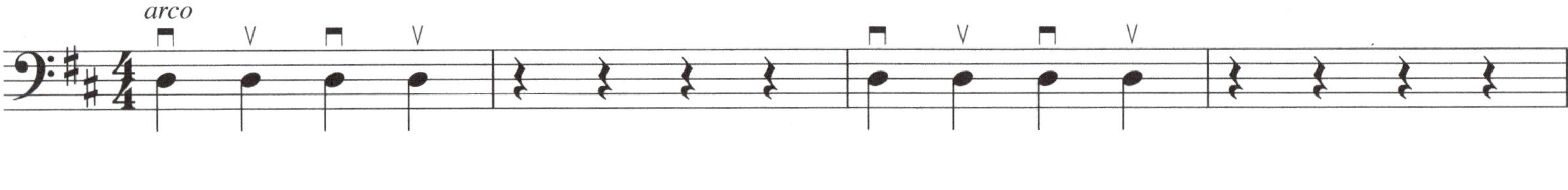

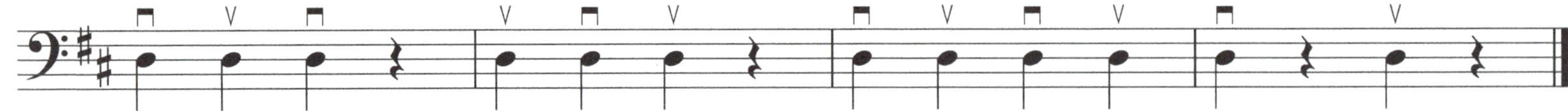

48. Toca en la cuerda La

EJERCICIOS

Niveles de cuerda

Tu brazo se mueve al tocar con el arco en diferentes cuerdas. Memoriza estas pautas:

- Mueve el brazo hacia adelante y hacia arriba para tocar cuerdas de sonido más agudo.
- Mueve el brazo hacia atrás y hacia abajo para tocar cuerdas de sonido más grave.

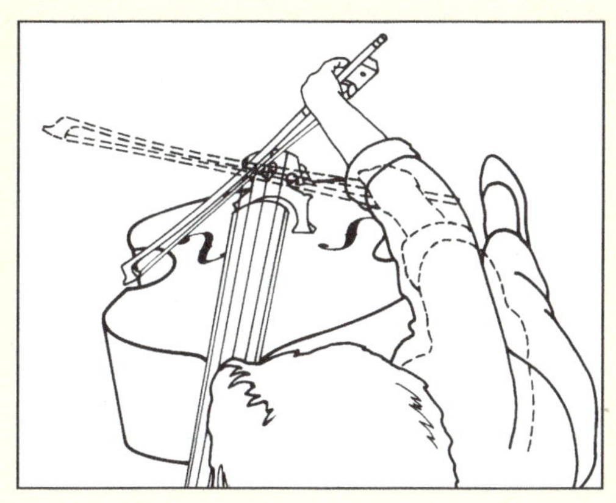

Levanta el brazo = toca una cuerda más aguda

Baja el brazo = toca una cuerda más grave

49. Subir y bajar

50. Sube y baja

51. Reflejo

Alzar El Arco

Levanta el arco y regresa al punto de partida

52. Tocando Re y La

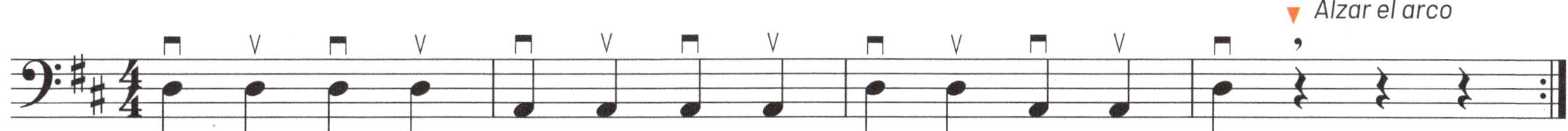

53. Pequeño examen de ESSENTIAL ELEMENTS – Desafio Olímpico

EJERCICIO DEL ARCO SIETE

Combinando las Dos Manos

Usando las notas de la escala de Re Mayor, repite lo que tu profesor toca.

PONIENDOLO TODO JUNTO

¡Felicidades! Ya estas listo para practicar como un músico avanzado combinando las habilidades de la mano izquierda y la derecha mientras lees la partitura. Cuando estés aprendiendo una nueva línea musical, para tener mayor éxito, sigue estos pasos:

Paso 1 Golpea con el dedo del pie y di o canta los nombres de last letras.

Paso 2 Toca *pizz.* y di o canta los nombres de las letras.

Paso 3 Arco Sombra y di o canta los nombres de las letras.

Paso 4 Toca con el arco lo que esta escrito.

54. Arco en la cuerda Sol

55. Ida y vuelta

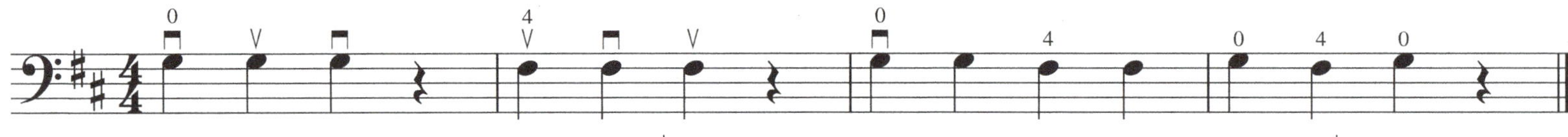

56. Arriba y abajo

57. Lamento Tribal

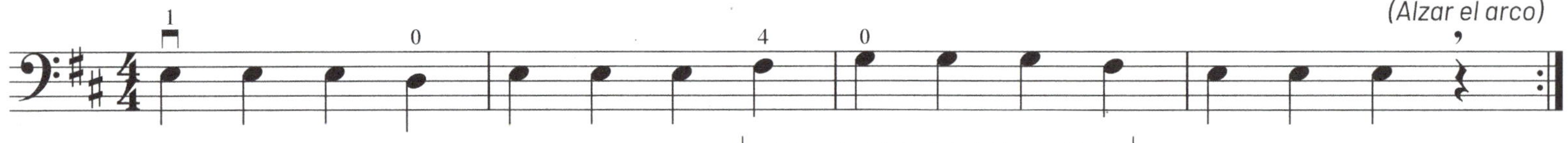

58. Arco en la cuerda Re

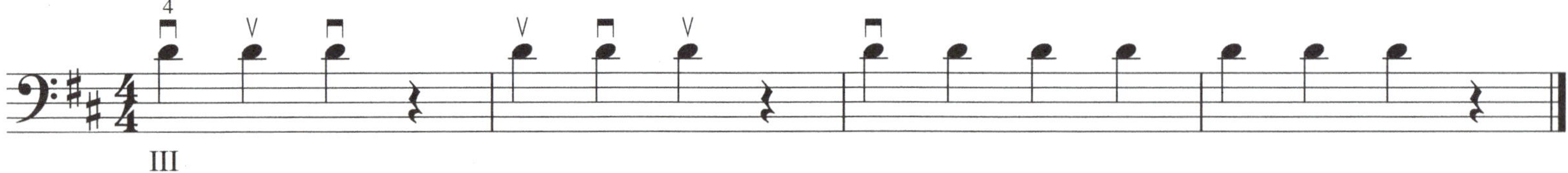

59. Pequenos pasos

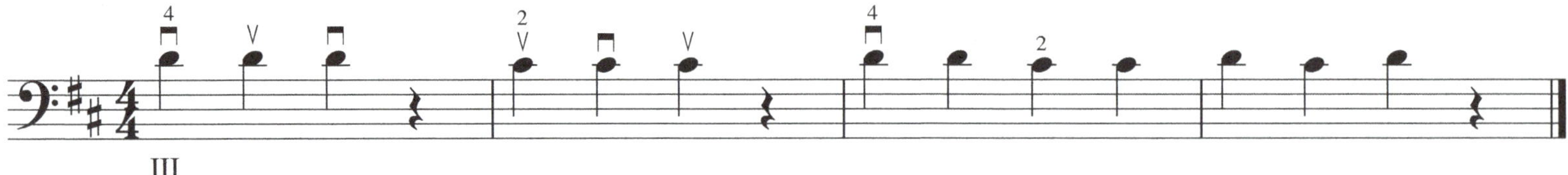

60. Bajada en ascensor

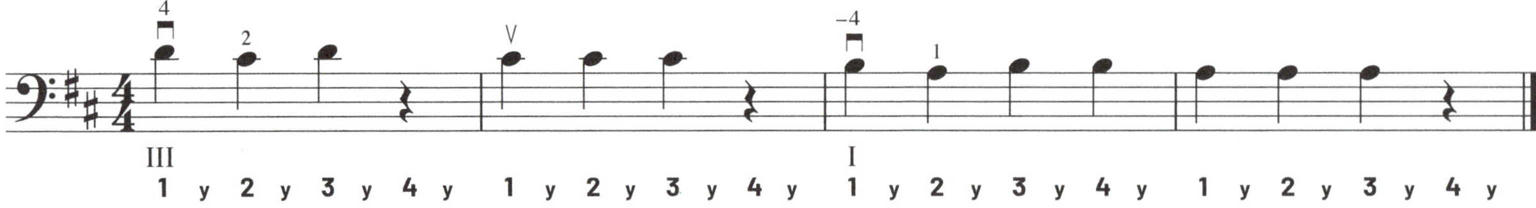

61. Subiendo en ascensor

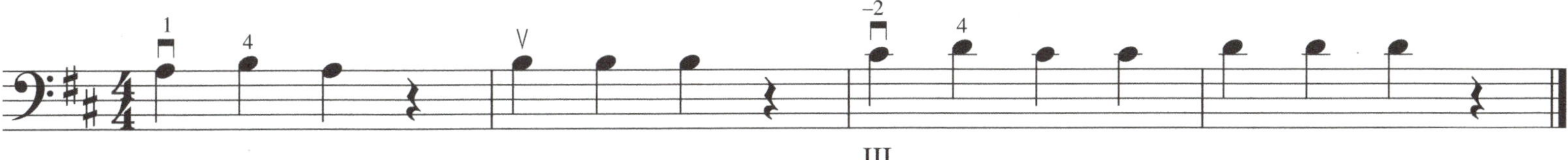

62. Descendiendo la escala de Re mayor

63. Simulador de escala *Recuerda contar.*

64. Pequeño examen de ESSENTIAL ELEMENTS – La Escala de Re mayor

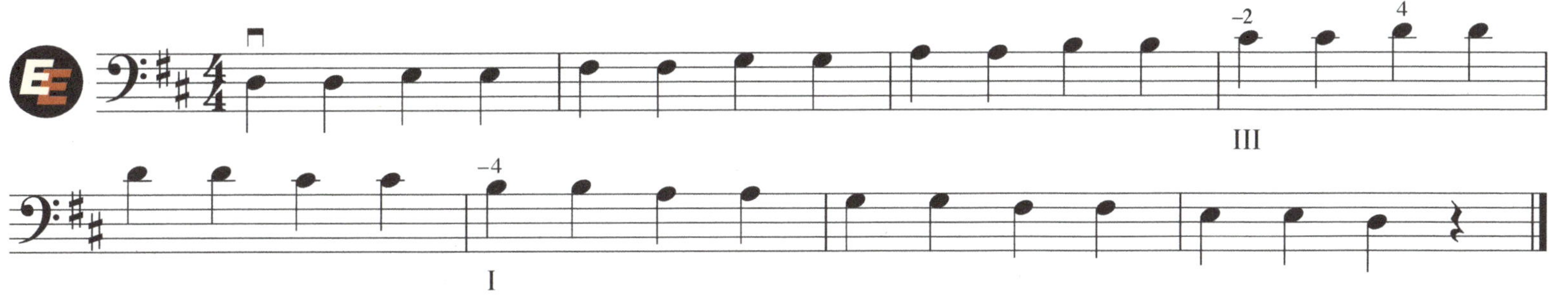

Do♯

se toca con
4 dedos en la
cuerda La

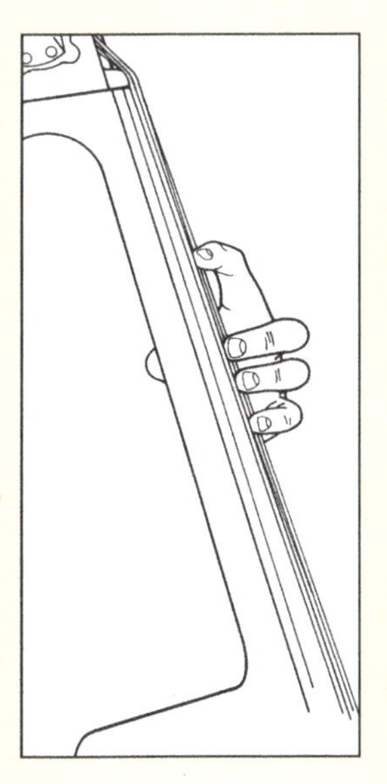

65. Leamos Do♯ – Repaso

Corcheas

corchea= ½ pulso
2 corcheas = 1 pulso

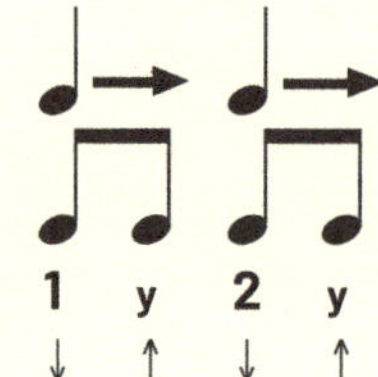

Dos o más corcheas juntas tienen un barra que une las plicas.

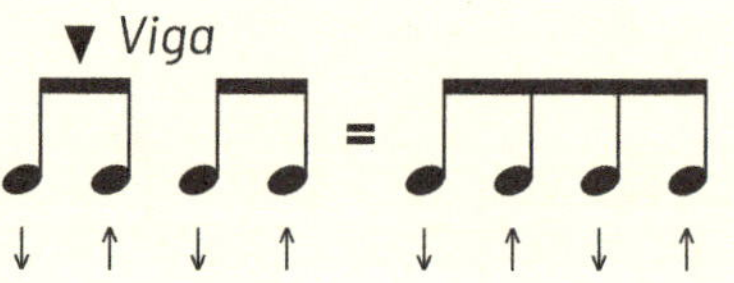

Marca con la punta del pie hacia abajo en el numero uno y hacia arriba en la "y".

66. Rap rítmico

"Arco Sombra" y cuenta antes de tocar

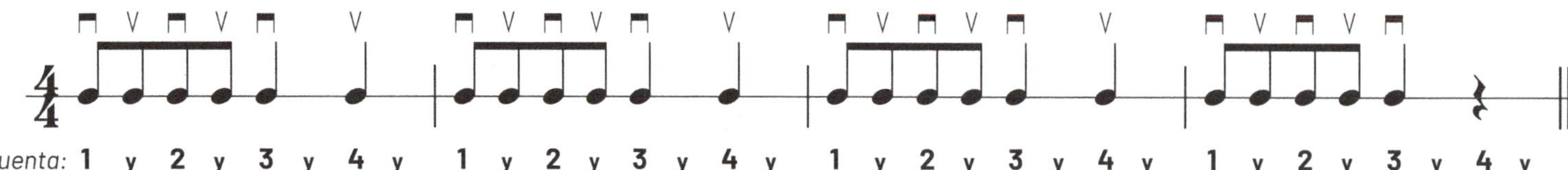

Cuenta: 1 y 2 y 3 y 4 y 1 y 2 y 3 y 4 y 1 y 2 y 3 y 4 y 1 y 2 y 3 y 4 y

67. Pepperoni Pizza

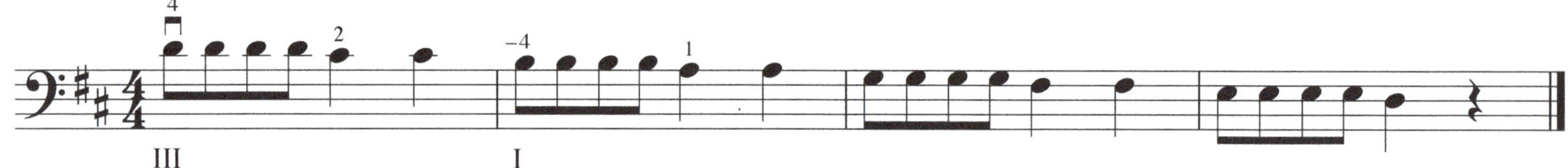

68. Rap rítmico

"Arco Sombra" y cuenta antes de tocar

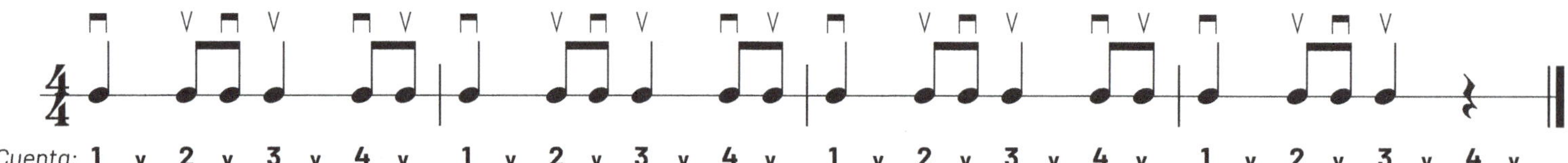

Cuenta: 1 y 2 y 3 y 4 y 1 y 2 y 3 y 4 y 1 y 2 y 3 y 4 y 1 y 2 y 3 y 4 y

69. Subiendo la escala de Re

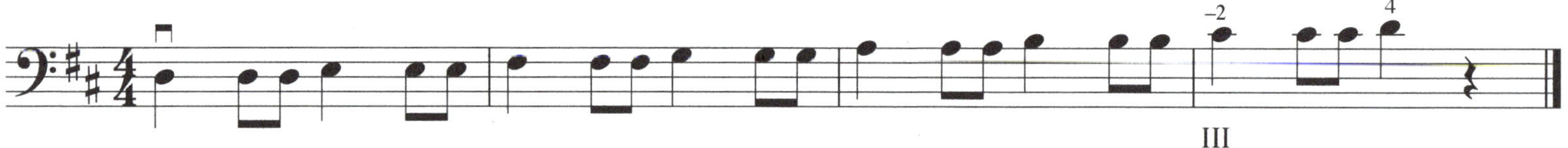

Indicaciones de Tiempo

El tempo es la velocidad de la música. Las indicaciones de tempo suelen escribirse sobre el pentagrama, en italiano.

Allegro – tempo rápido **Moderato** – tempo moderato **Andante** – lento, como caminando

70. Hot Cross Buns

Moderato

71. Claro de Luna

Canción folclórica francesa

Andante

72. Rap rítmico

"Arco Sombra" y cuenta antes de tocar

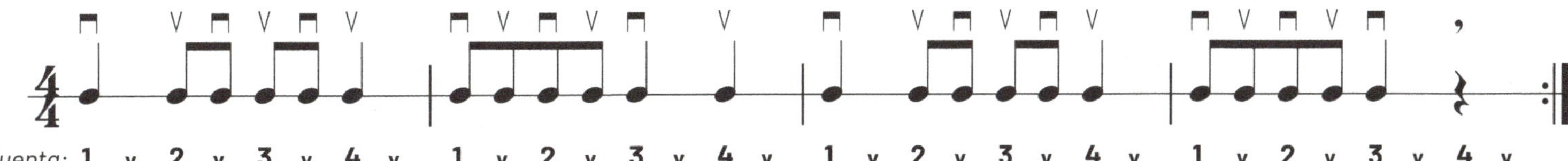

73. Saludo Buckeye

$\frac{2}{4}$ Armadura de compás

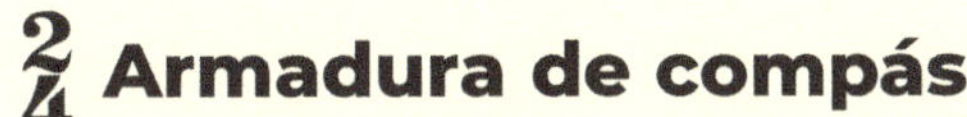

= **2 pulsos** por compás
= **La negra** toma un pulso

Dirigiendo

Practica dirigir **este** patrón **de 2 pulsos**

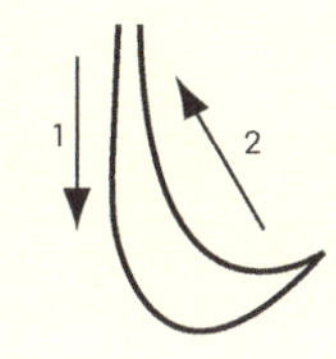

TEORÍA

74. Rap rítmico

Usa arco sombra y cuenta antes de tocar

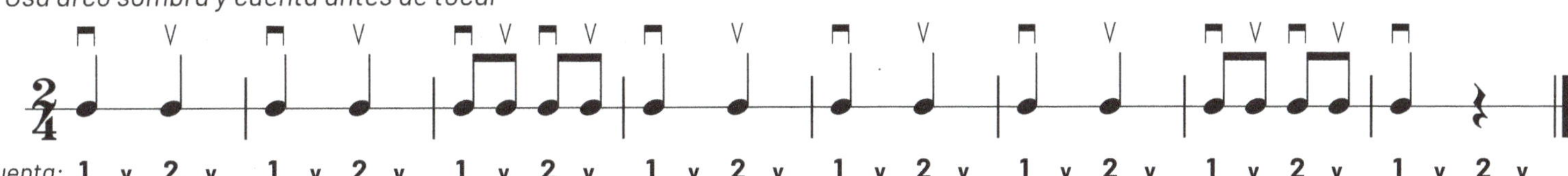

75. Dos por dos

1ª y 2ª repetición

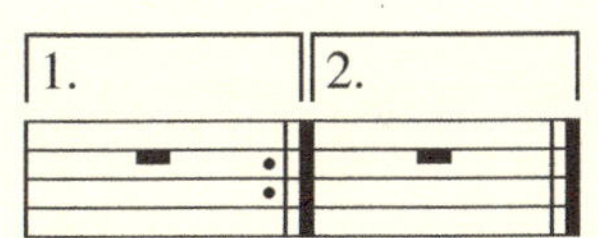

Toca la 1ª repetición. Luego, toca la misma sección de música, salta la 1ª repetición, y toca la 2ª repetición.

TEORÍA

76. Pequeño examen de ESSENTIAL ELEMENTS – ¡Por el amor de Dios!

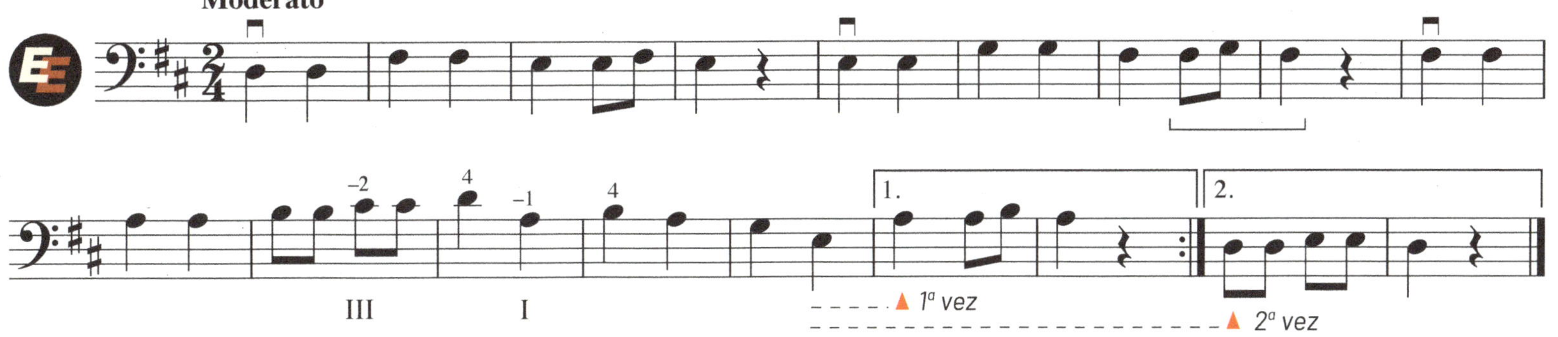

TEORÍA

La Nota Blanca

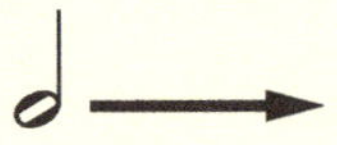

= 2 pulsos

1 y 2 y

El Silencio de Blanca

= 2 pulsos en silencio

1 y 2 y

77. Rap rítmico

"Arco sombra" y cuenta antes de tocar

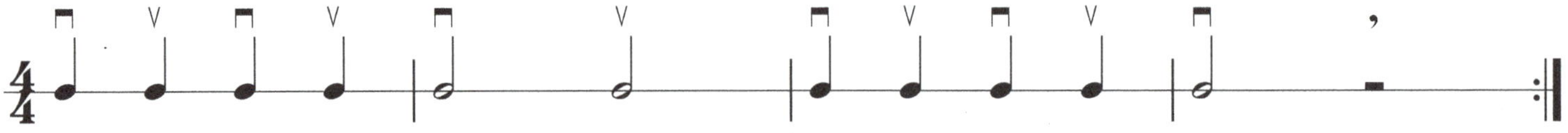

Cuenta: 1 y 2 y 3 y 4 y 1 y 2 y 3 y 4 y 1 y 2 y 3 y 4 y 1 y 2 y 3 y 4 y

78. En la puerta de Pierrot

Canción folclórica francesa

Moderato

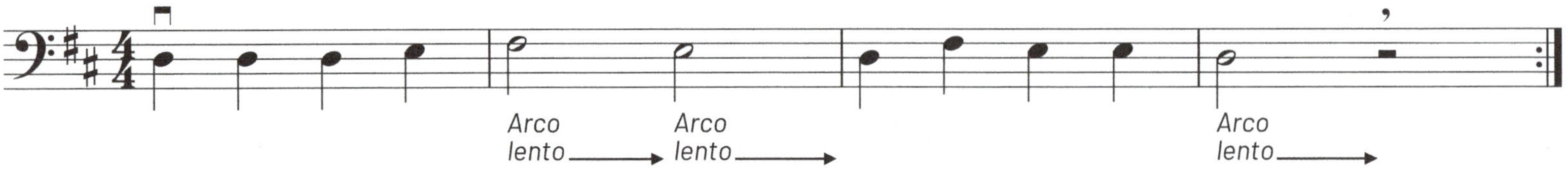

Arco lento → *Arco lento* → *Arco lento* →

79. Contando las notas blancas

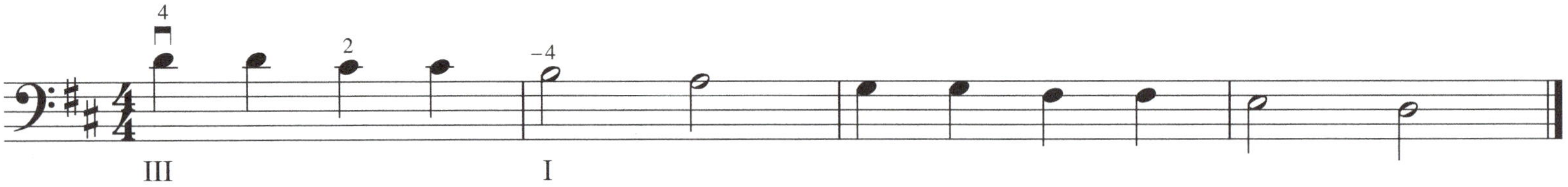

4 2 –4

III I

80. Día de los abuelos

Canción folclórica estadounidense

Andante

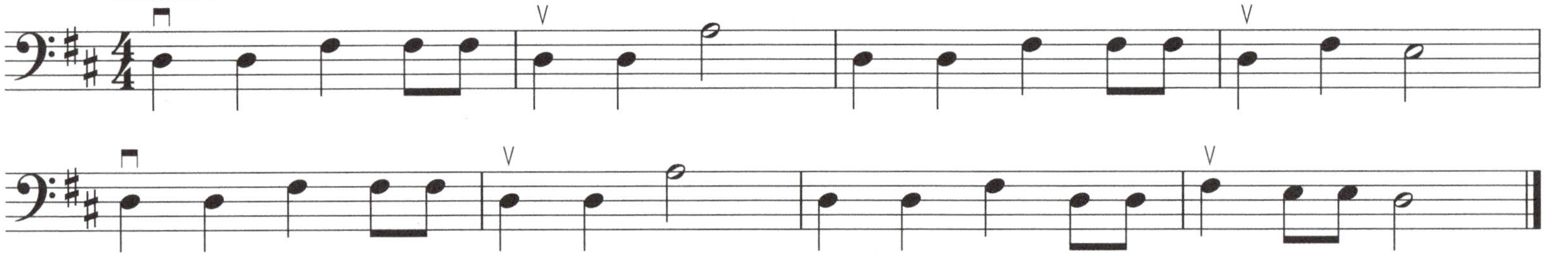

TEORÍA

Signos de Repetición

Repite la sección de música que está dentro de los signos de repetición. (Si se usan la 1ª y la 2ª terminaciones, se tocan como de costumbre – pero se regresa solo al primer signo de repetición, no al principio.)

81. Michael Row the Boat Ashore

Canción folclórica estadounidense

82. Dos-Cuerdas de Texas

Sosteniendo el violín en la posición del hombro, toca el 4º dedo de la mano izquierda con pizzicato. 4+ = 4º dedo pizz.

4+ + 4+ + *(etc.)*

¿Estas buscando más música divertida para tocar? Ve a la contraportada y busca las instrucciones de cómo acceder a las canciones populares más recientes. Canciones adiciónales.

NUEVAS NOTAS

La se toca con cuatro dedos en la cuerda Re en tercera posición (III).

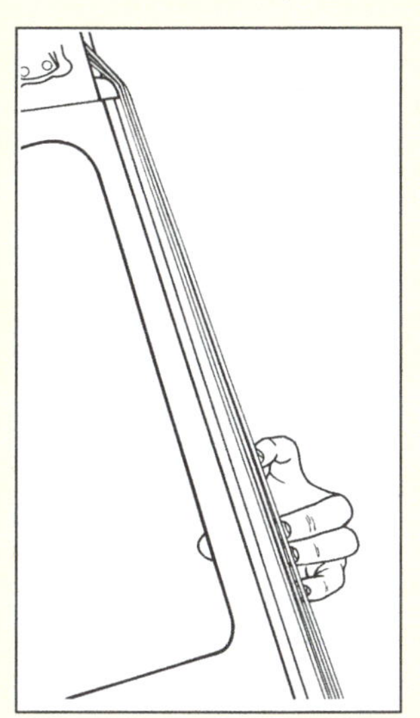

Sol se toca con un dedo en la cuerda Re en tercera posición (III).

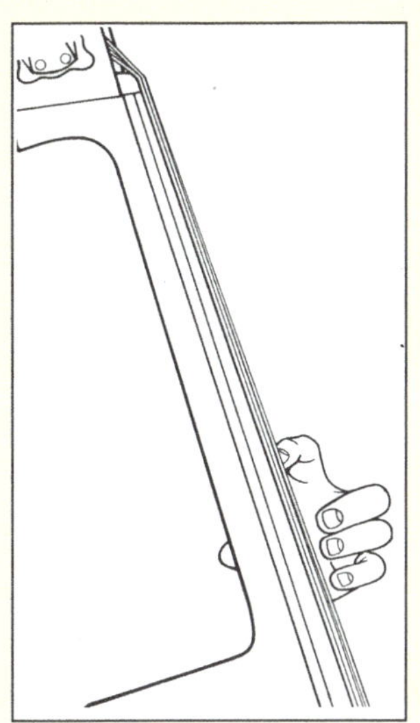

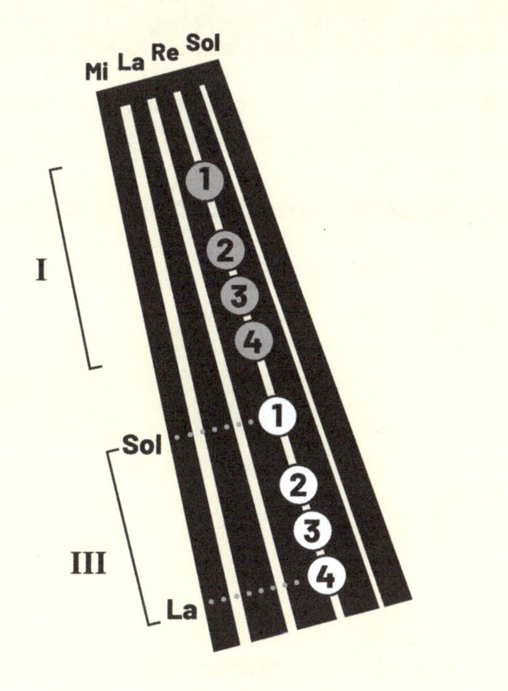

83. Cuatro por cuatro

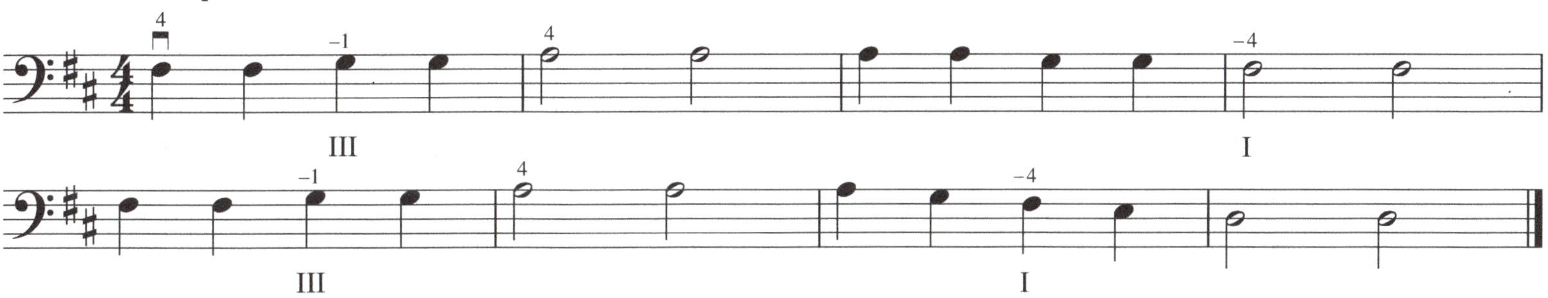

84. Maratón del 4º dedo

85. Volando alto

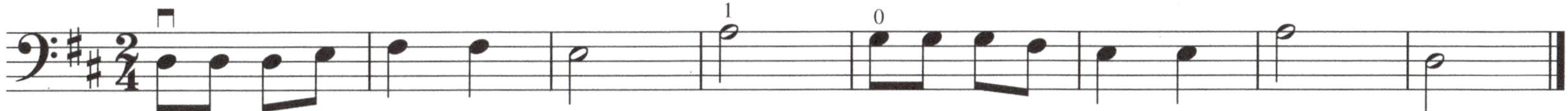

El compositor alemán **Ludwig van Beethoven** (1770-1827) fue uno de los compositores más grandes del mundo. A pesar de que él ya estaba completamente sordo en el año 1802, él podía "escuchar" la música en su mente. "Oda a la Alegría" es el nombre del tema de su última *Sinfonía, la # 9*. Esta obra fue compuesta basada en el texto de un poema escrito por Friedrich von Schiller. "La Oda a la Alegría" fue presentada siendo destacada en los conciertos que celebraron la unificación de Alemania en 1990.

HISTORIA

86. Pequeño examen de ESSENTIAL ELEMENTS – Oda a la alegría

Ludwig van Beethoven

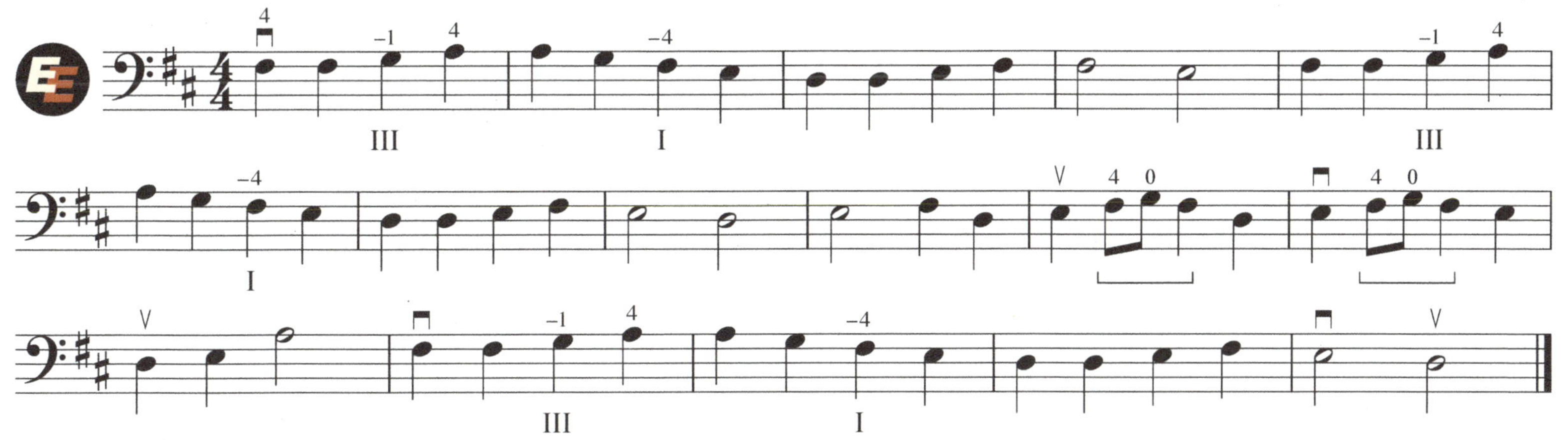

MOMENTO ESTELAR

Los buenos intérpretes solistas llegan a tiempo con sus instrumentos y música listos, apropiadamente vestidos, y saben tocar su música bien.

87. Calentamiento con escalas

88. Frère Jacques – Ronda *(cuando el grupo A llega al ②, el grupo B empieza en el ①)*

Canción folclórica francesa

TEORÍA

Acorde, Harmonía

Dos o más notas que suenan al mismo tiempo forman un **acorde** o una **harmonía**. En este libro, **A**= Melodía y **B**= Harmonía.

89. Boil 'em Cabbage Down – Arreglo para Orquesta

Melodía de violín estadounidense

MOMENTO ESTELAR

90. Ronda inglesa

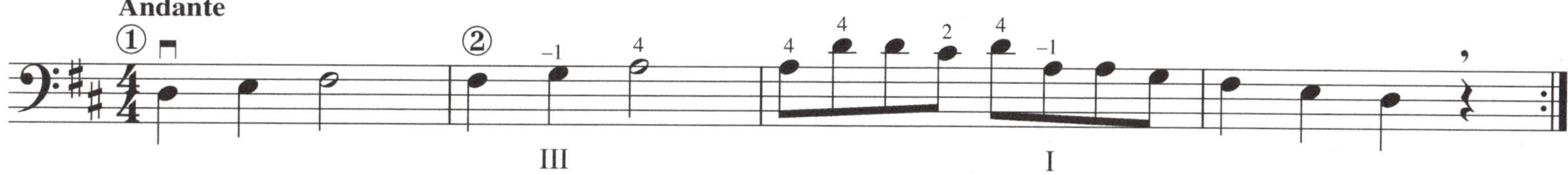

91. Remando Suavemente – Arreglo para orquesta

HISTORIA

El compositor francés **Jacques Offenbach** (1819-1880) fue el creador de la **opereta** y tocaba el violonchelo. Una **opereta** es una forma de entretenimiento que combina varias de las bellas artes: Música vocal e instrumental, drama, teatro, baile, y artes visuales. Una de sus piezas más famosas es el "Can-Can", que es un baile de Orfeo en los infiernos. Esta obra es muy popular y fue escrita en el 1858, solamente 3 años antes del comienzo de la guerra Civil de los Estados Unidos (1861-1865).

92. "Can-Can" – Arreglo para orquesta

Jacques Offenbach
Arr. John Higgins

✔ ¿Cuales fueron los puntos fuertes de tú presentación?

NUEVAS NOTAS – CUERDAS MI Y LA

Sol se toca con 2 dedos en la cuerda Mi.

Do se toca con 2 dedos en la cuerda La.

Si se toca con 1 dedo en la cuerda La.

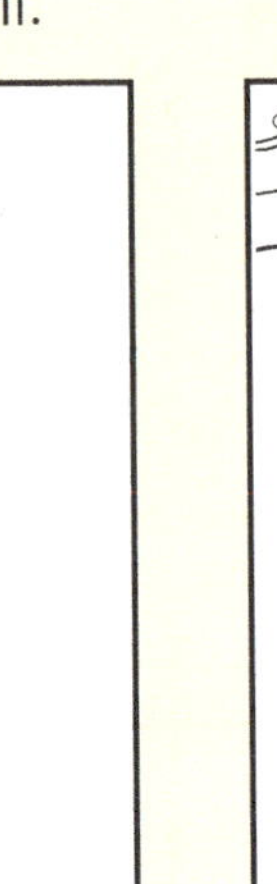

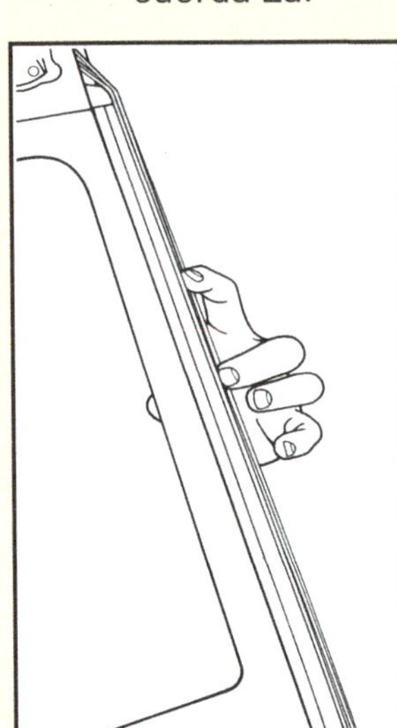

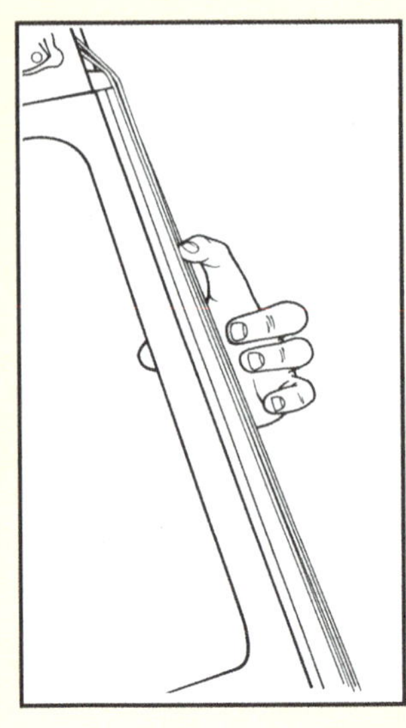

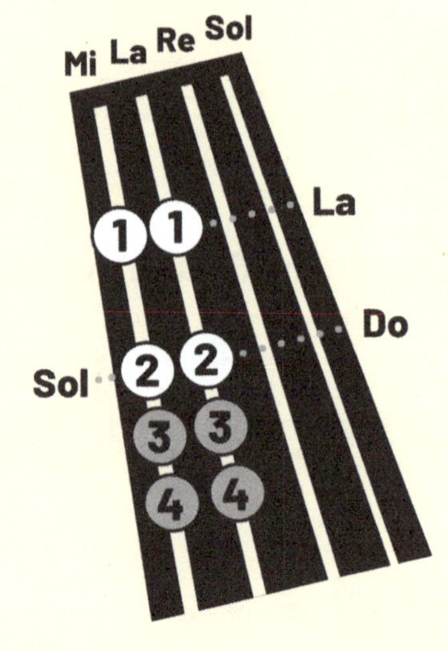

HABILIDADES AUDITIVAS Escucha con atención y repite lo que el profesor toca.

TEORÍA

Tonalidad de Sol Mayor

Toca todas las notas Fa cómo Fa♯ (Fa sostenido) y todas las notas Do cómo (Do natural)

93. Leamos "Sol"

▲ *Toca los Fa♯ y los Do♮ en esta tonalidad.*

94. Leamos "Do" (Do-natural)

95. Leamos "Si"

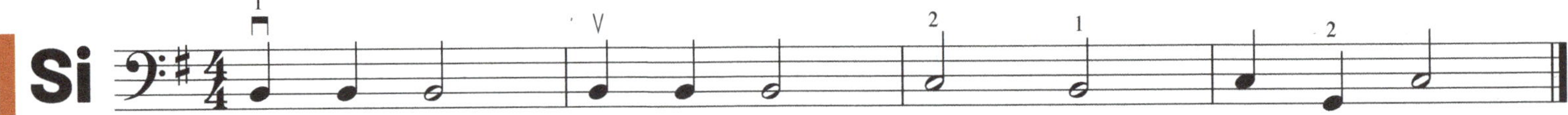

96. Leamos "La"

97. Paseando *Decir las notas antes de tocar.*

98. Escala de Sol Mayor *Decir los nombres de las notas antes de tocarlas.*

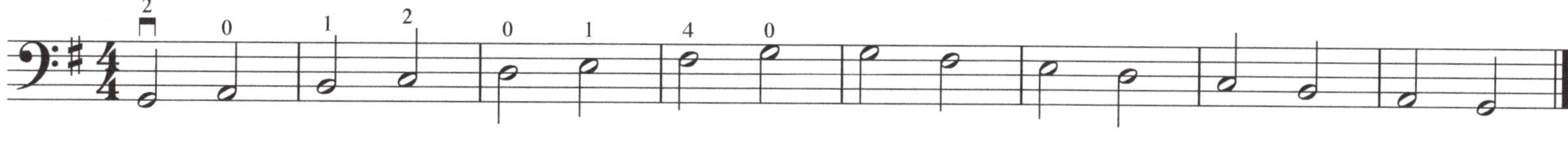

99. Re con el 4° dedo *(Para violines y violas)*

Armadura de compás

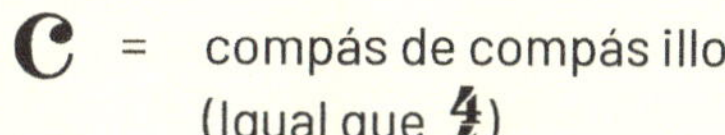

𝄴 = compás de compás illo (Igual que 4/4)

Dirigiendo

Practica dirigir este patrón de 4 tiempos.

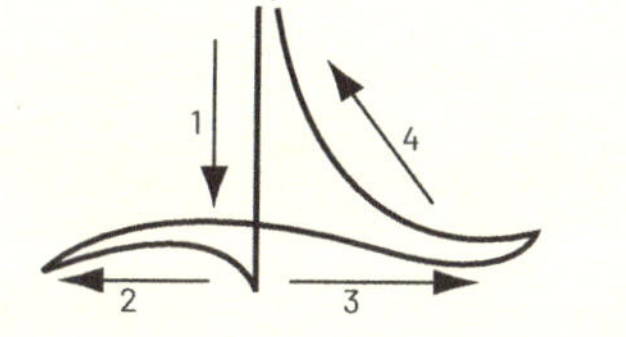

TEORÍA

100. Tonos graves

101. Bee Bee Oveja negra

Moderato

102. Pequeño examen de ESSENTIAL ELEMENTS – This Old Man Canción folclórica estadounidense

Moderato

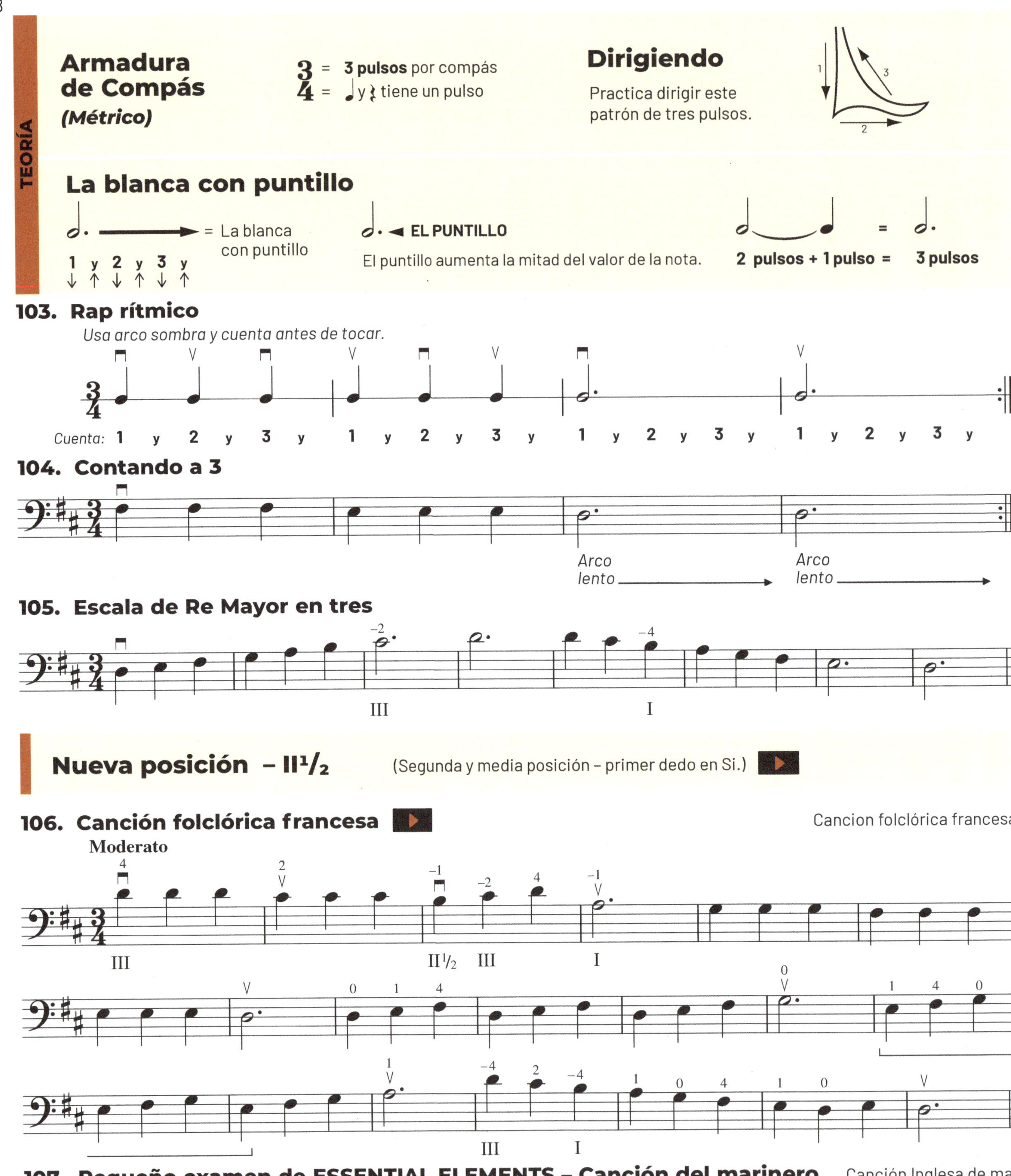

107. Pequeño examen de ESSENTIAL ELEMENTS – Canción del marinero

Canción Inglesa de mar

Allegro

▲ *Escribe el compás correcto antes de empezar a tocar.*

Ligadura

La **ligadura** es una línea curva que conecta las notas del **mismo** sonido. Toca la nota una sola vez y suma los pulsos de ambas notas.

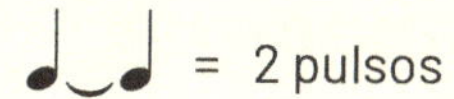

108. Listo para hacer ligados

Ligadura de expresión

Una **Ligadura** de expresión es una línea curva que conecta dos o mas notas **diferentes**. Toca las notas ligadas en el mismo arco.

TEORÍA

109. Parar y seguir

110. Ligando las notas

111. Navegando tranquilamente

112. Ligaduras en Re Mayor

113. Cambios de cuerdas

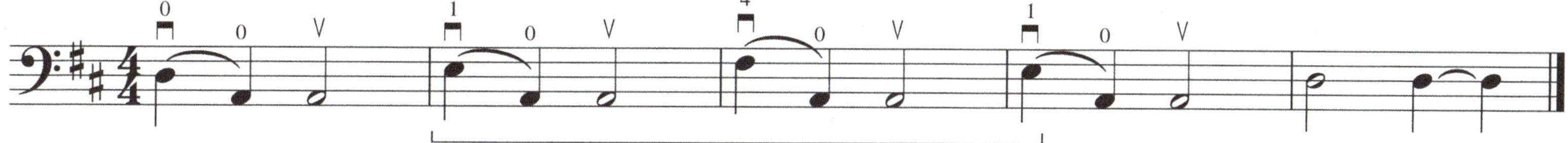

114. Arcos deslizantes

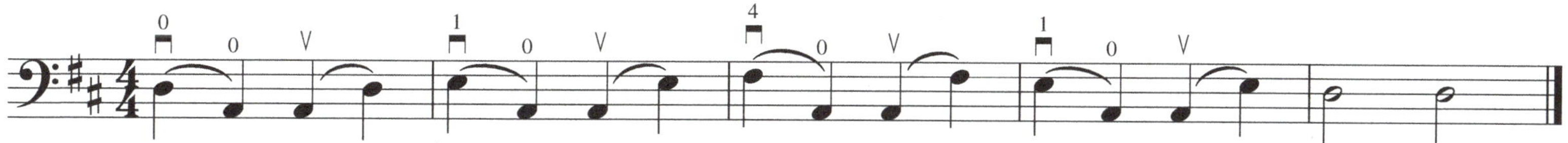

115. Al revés

TEORÍA

Anacrusa

Es una nota (o grupo de notas) que aparece antes del primer compás completo se le llama **Anacrusa**. Los pulsos restantes se encontrarán en el último compás.

116. Canción para María

HISTORIA

La música latinoamericana combina las tradiciones folclóricas de Suramérica y Centroamérica, y las islas del Caribe, con influencias africanas, españolas y portuguesas. Las melodías se destacan por tener un acompañamiento enérgico de las tamboras, maracas y claves. Los estilos de América latina han llegado a ser parte de la música de jazz, música clásica y música de rock.

TEORÍA

D.C. al Fine

Toca hasta que veas el **D. C. al Fine**. Luego regresa al principio de la pieza, y toca hasta que veas **Fine**. **D.C.** es la abreviación de Da Capo, que en italiano significa, "retornar al principio". **Fine** es una palabra italiana que significa "el final".

117. Canción del barco bananero

Canción Folklorica Caribeña

118. Firoliralera – Arreglo para orquesta

Canción folclórica Mexicana
Arr. John Higgins

CREANDO HABILIDADES – Sol Mayor

119.

2 0 1 2 0 1 4 0

120.

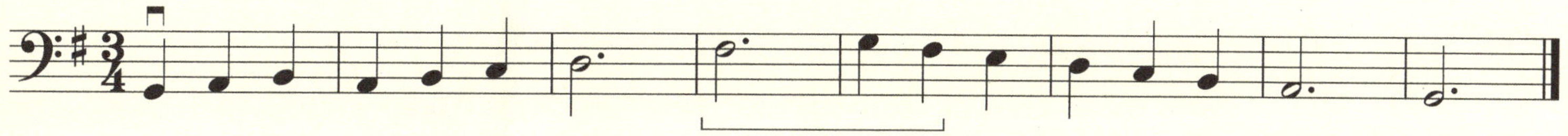

121.

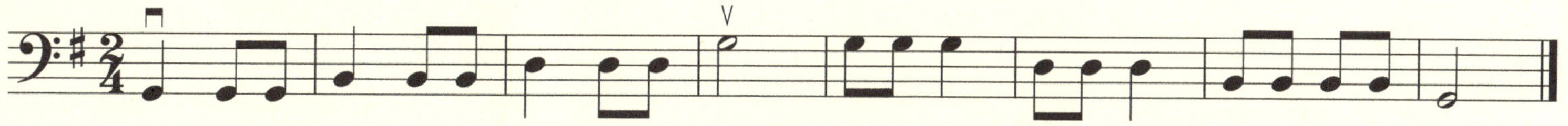

122.

123.

Ligadura de tres notas

124.

HISTORIA

La música del Lejano Oriente proviene de países como Malasia, Indonesia, China y otras regiones de Asia. Los historiadores creen que las primeras orquestas, conocidas como gamelanes, existían en esta zona ya en el siglo I a.C. En la actualidad, los *gamelanes* incluyen instrumentos como rebabs (violines de púas), gongs, xilófonos y una amplia variedad de instrumentos de percusión.

125. Jingli Nona

Canción folclórica del lejano oriente

Allegro

¿donde está el 4º pulso?

SEGUNDO DEDO EN LA CUERDA RE

Fa

se toca con 2 dedos en la cuerda Re.

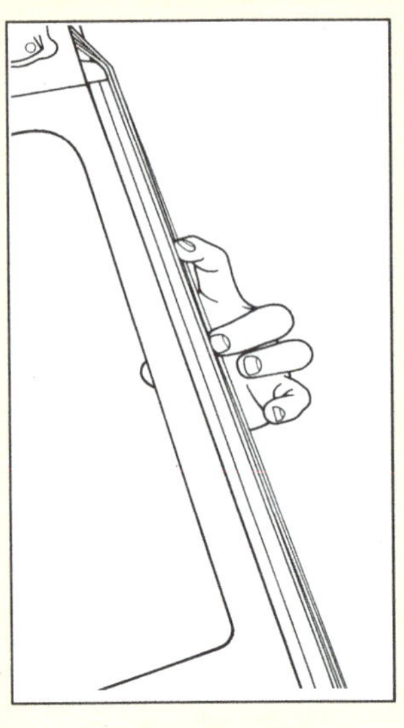

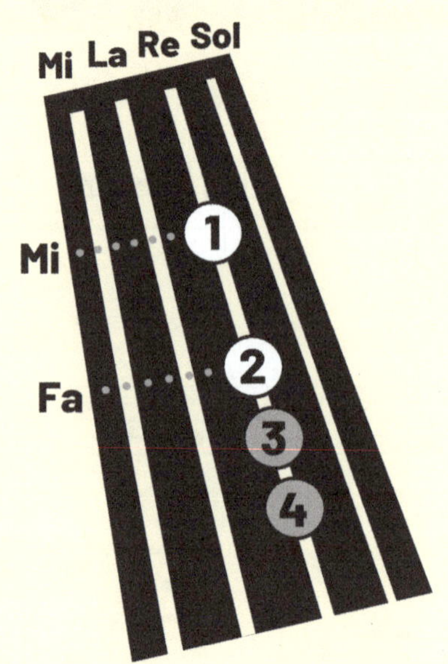

HABILIDADES AUDITIVAS Escucha con atención y repite lo que el profesor toca.

El becuadro ♮

El signo de becuadro cancela un bemol (♭) o un sostenido (♯) y se mantiene en efecto durante todo el compás.

126. Leamos "Fa" (Fa-natural)

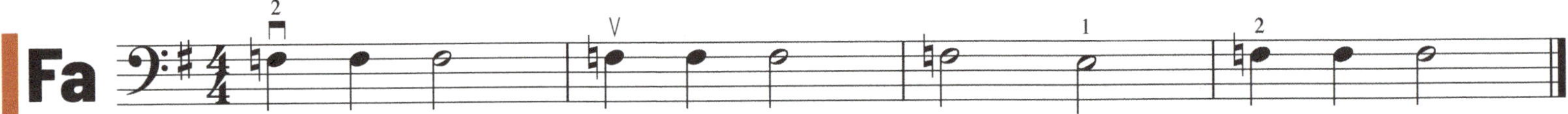

TEORÍA

Semi tono Un semi tono es la distancia más pequeña entre dos notas.

Tono completo Un tono completo son dos semi tonos combinados.

127. Tono y semitono

128. El chico espía

129. Detalles menores

DO NATURAL EN TERCERA POSICIÓN
Do
se toca con
1 dedo en
la cuerda G
en tercera
posición (III).
Sol
Re
La
Mi
I
Do
III
HABILIDADES AUDITIVAS
Escucha con atención y repite lo que el profesor toca.
130. Leamos "Do" (Do-natural)
Do
131. Repaso de semitono y un tono
semi tono
semi tono
1 tono completo
1 tono completo
Notas Cromáticas
Las notas cromáticas son notas alteradas con sostenidos, bemoles y naturales.
Un patrón cromático consiste en dos o más notas en una secuencia de semi tono.
TEORÍA
132. Movimientos cromáticos
133. El especial Stetson
134. Canción del pájaro azul
Allegro
Canción folclórica de Texas

TEORÍA

Armadura de clave Do Mayor 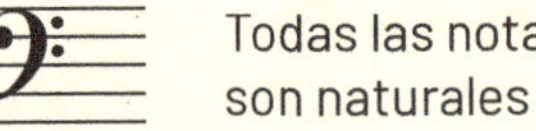 Todas las notas son naturales

Nueva posición – II

(Segundo dedo en Si, cuarto dedo en Do.)

135. Escala de Do Mayor – Ronda

Dueto Es una composición con dos partes diferentes, que se tocan juntas.

136. Decisión Dividida – Dueto

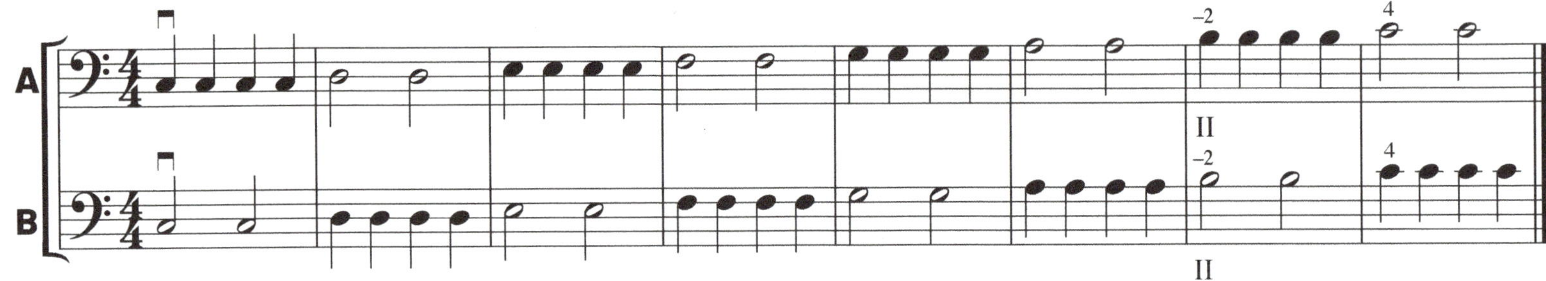

137. Roble Hueco

138. A-Tisket, A-Tasket

HISTORIA

En la segunda mitad del 1800 muchos compositores trataron de expresar el espíritu de sus propios países, a través de la música que escribían con un inconfundible sabor nacional. Escucha la musica de los compositores Rusos como Borodin, Tchaikovsky, y Rimsky - Korsakov. Muchas veces ellos utilizaron canciones folclóricas y ritmos de bailes para transmitir su nacionalismo. Describe los sonidos que escuchas.

139. Pequeño exámen de ESSENTIAL ELEMENTS – Cancion folclórica rusa

Cancion folclórica rusa

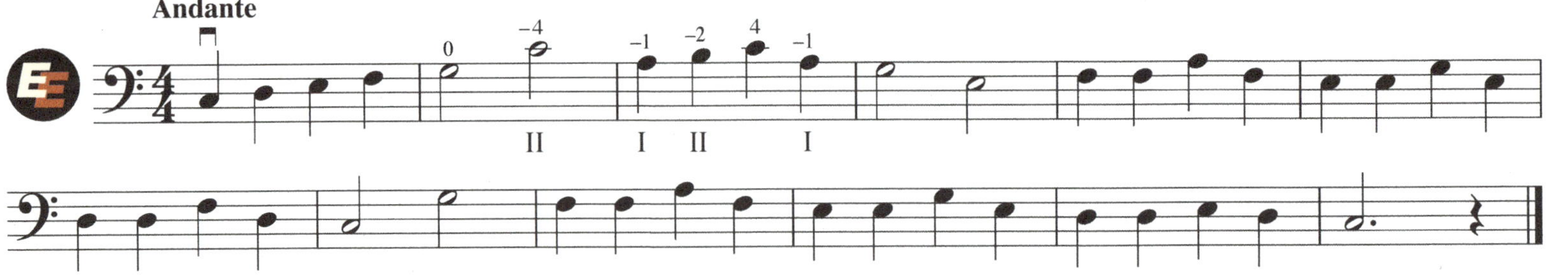

Alerta Esta página mezcla patrones de los dedos. Presta atención a tu segundo dedo bajo en el do natural y a tu segundo dedo alto en el fa sostenido.

140. Bingo

Canción de juego inglesa del siglo 1800

¿Dónde está el 2do pulso? ▲

HISTORIA

El compositor Inglés **Thomas Tallis** (1505-1585) trabajó en la corte real durante los reinos de Henry VII, Edward VI, María y Elizabeth I. Los compositores y los artistas durante esta época querían recrear las glorias artísticas y científicas de la antigua Grecia y Roma. El gran artista Miguel Angela Buonarroti pintó la Capilla Sixtina, durante la vida del Sr Tallis. Las **rondas** y los **cánones** eran formas populares de música durante el inicio del siglo 16. Divídanse en grupos, y toquen o canten el Canon de Tallis como una ronda en 4 partes.

141. Canon de Tallis – Ronda

Thomas Tallis

Tema y variaciones

TEORÍA

Tema y variaciones es una forma musical en la que un tema, o melodía, es seguido por diferentes versiones del mismo tema.

142. Variaciones sobre una canción conocida

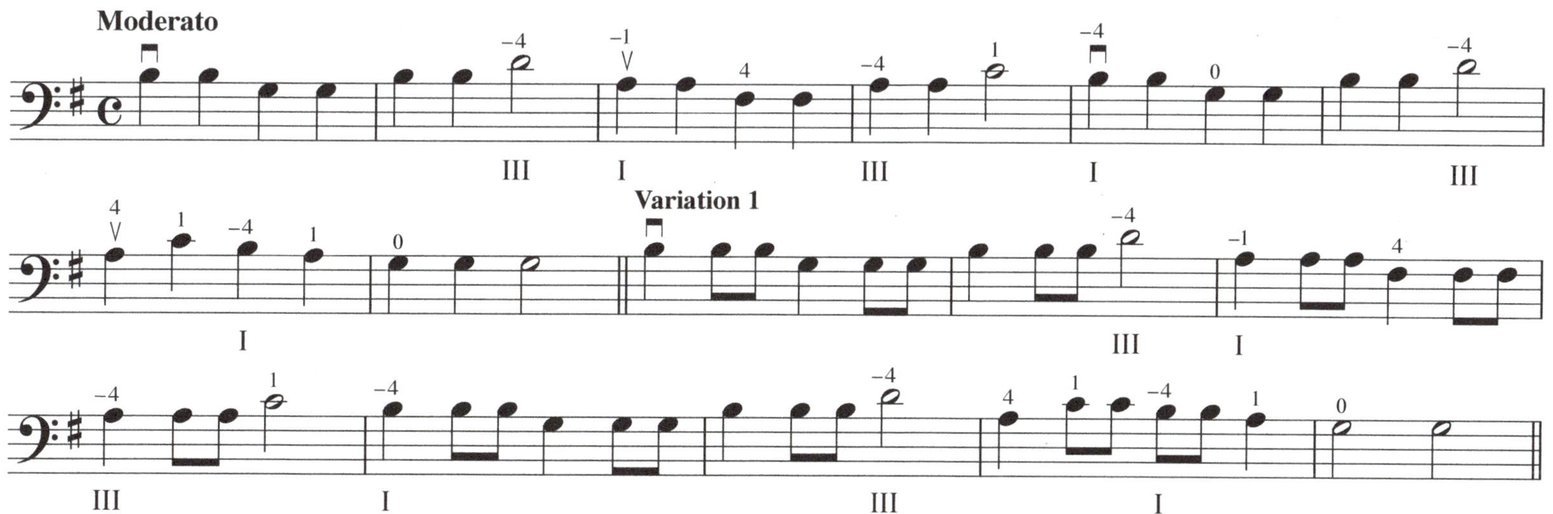

Variación 2 – *Inventa tu propia variación*

143. Creatividad esencial – Canción de cumpleaños

Ahora toca la línea de nuevo y crea tu propio ritmo.

Ejercicio Especial Para Contrabajo

Escribe los nombres de las notas a continuación. Luego, redacta historias utilizando la mayor cantidad posible de nombres de notas. Comparte tu trabajo con tus amigos de la orquesta.

Trabajo en equipo

Los grandes músicos alientan a sus compañeros de interpretación. Los violistas y violonchelistas ahora aprenderán nuevas notas desafiantes. El éxito de tu orquesta depende del talento y la paciencia de todos. Toca lo mejor que puedas mientras estas secciones avanzan en su técnica musical.

HABILIDADES AUDITIVAS

Escucha con atención y repite lo que el profesor toca.

144. Leamos "Do" – Repaso

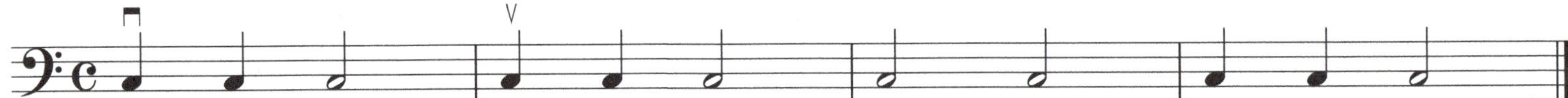

145. Leamos "Fa" – Repaso

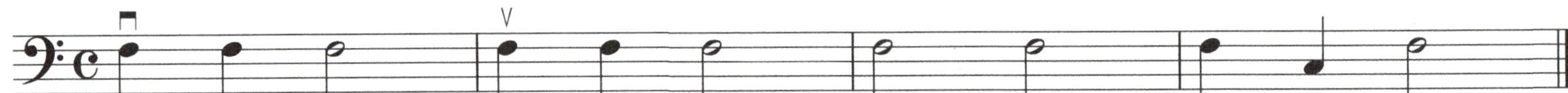

146. Leamos "Mi" – Repaso

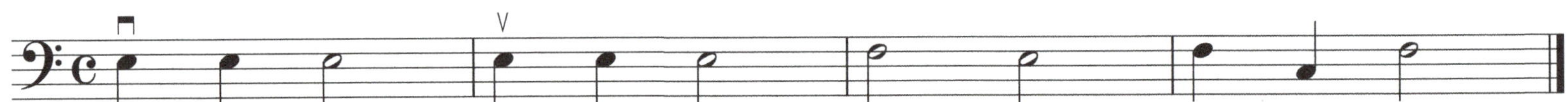

147. Leamos "Re" – Repaso

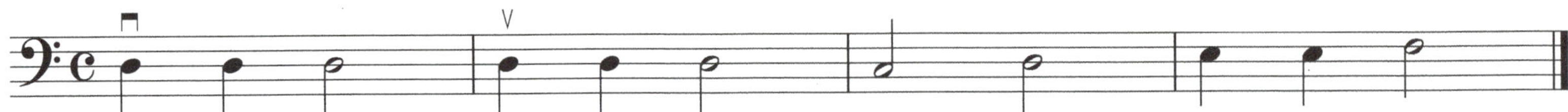

148. Juntos *Di el nombre de las notas antes de tocarlas.*

149. Escala de Do mayor

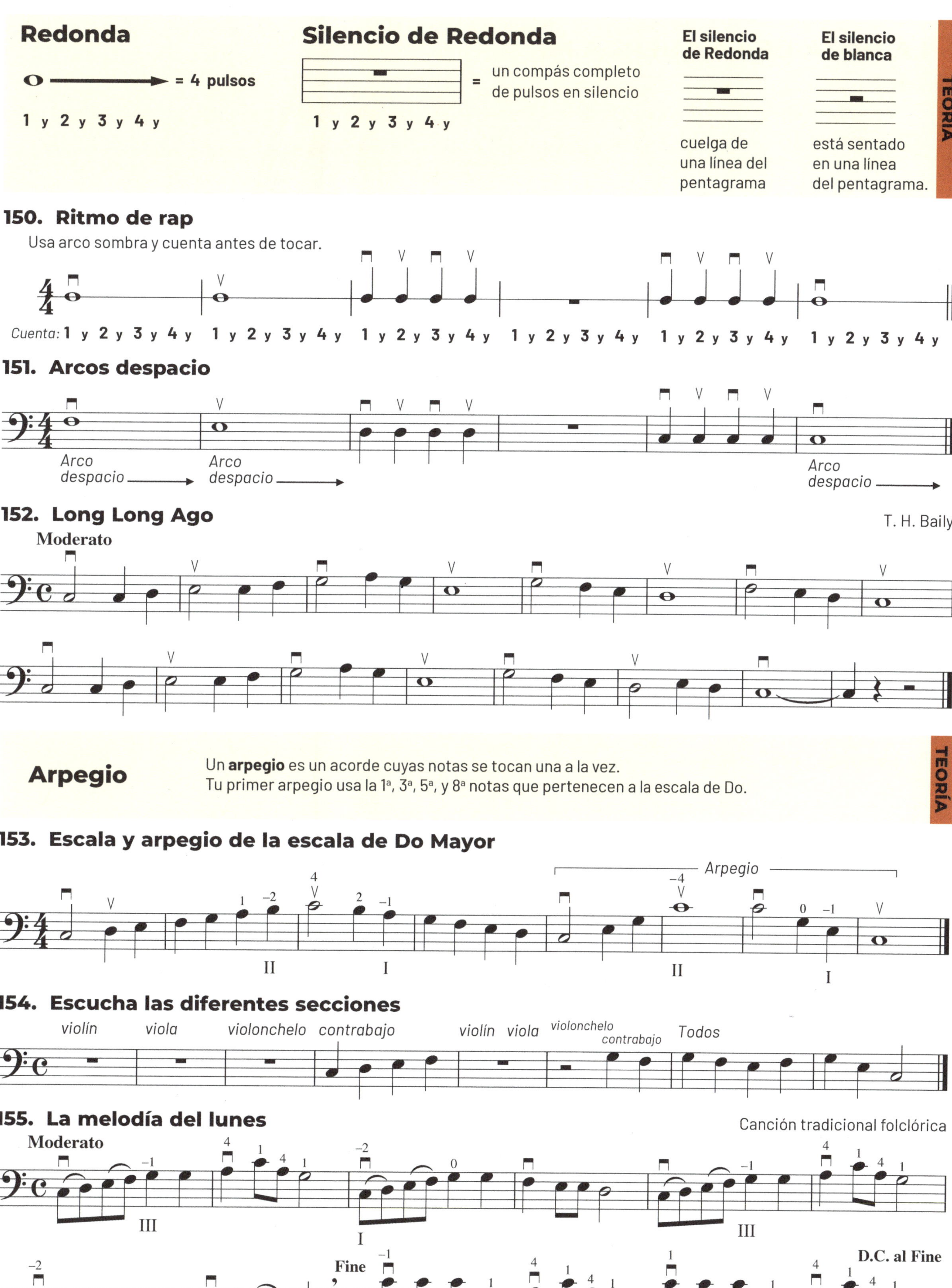
Redonda
= 4 pulsos
1 y 2 y 3 y 4 y
Silencio de Redonda
= un compás completo de pulsos en silencio
1 y 2 y 3 y 4 y
El silencio de Redonda
cuelga de una línea del pentagrama
El silencio de blanca
está sentado en una línea del pentagrama.
TEORÍA
150. Ritmo de rap
Usa arco sombra y cuenta antes de tocar.
Cuenta: 1 y 2 y 3 y 4 y 1 y 2 y 3 y 4 y 1 y 2 y 3 y 4 y 1 y 2 y 3 y 4 y 1 y 2 y 3 y 4 y 1 y 2 y 3 y 4 y
151. Arcos despacio
Arco despacio
Arco despacio
Arco despacio
152. Long Long Ago
T. H. Baily
Moderato
Arpegio
Un arpegio es un acorde cuyas notas se tocan una a la vez.
Tu primer arpegio usa la 1ª, 3ª, 5ª, y 8ª notas que pertenecen a la escala de Do.
TEORÍA
153. Escala y arpegio de la escala de Do Mayor
Arpegio
154. Escucha las diferentes secciones
violín
viola
violonchelo
contrabajo
violín
viola
violonchelo
contrabajo
Todos
155. La melodía del lunes
Canción tradicional folclórica
Moderato
Fine
D.C. al Fine

LA NOTA DE LA CUERDA MI

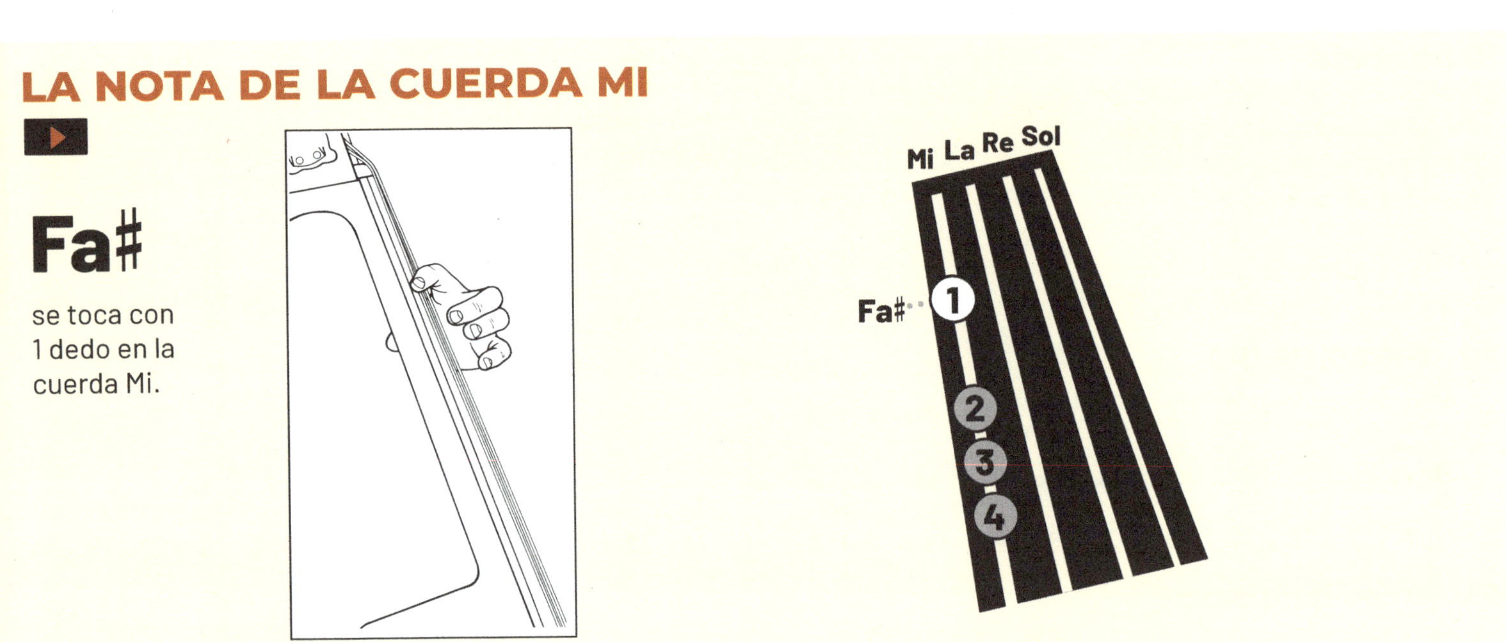

Fa♯

se toca con 1 dedo en la cuerda Mi.

HABILIDADES AUDITIVAS Escucha con atención y repite lo que el profesor toca.

156. Leamos "Mi"

157. Leamos "La" – Repaso

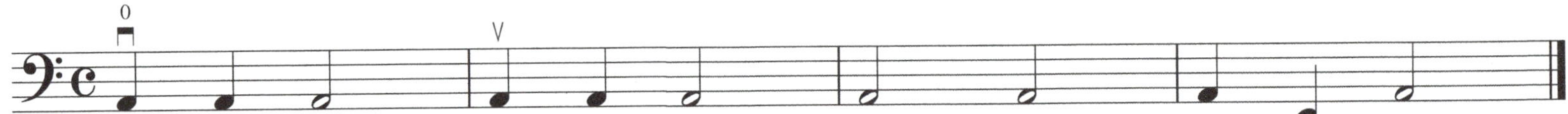

158. Leamos "Sol" – Repaso

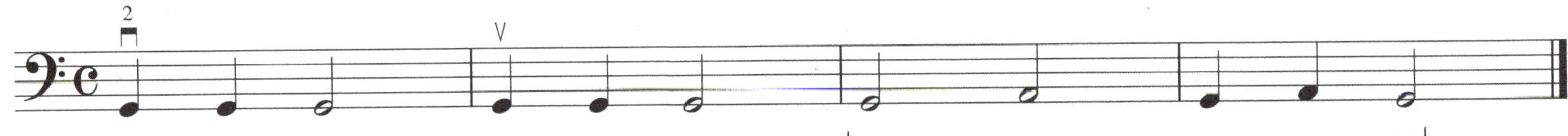

159. Leamos "Fa♯" (Fa-sostenido)

160. Avanzando *Nombra las notas antes de tocarlas.*

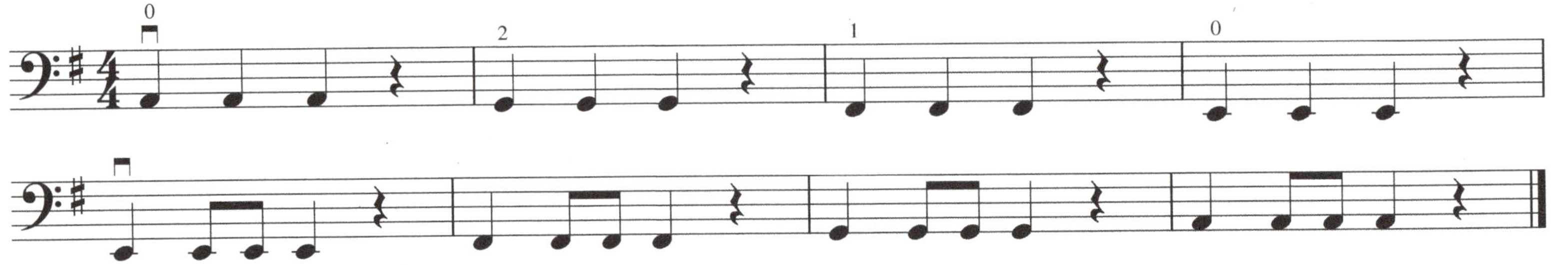

161. Escala de Sol mayor

162. Saludo de los pastores

Canción folclórica inglesa

163. La montaña de caramelos

Canción folclórica inglesa

HABILIDADES AUDITIVAS Escucha con atención y repite lo que el profesor toca.

164. Leamos "Si" – Repaso

165. Patinando en hielo

166. Pequeño Examen de ESSENTIAL ELEMENTS – Tema de la Obertura del Festival Académico

Johannes Brahms

Hay canciones adicionales disponibles en línea. Ver la contraportada para obtener más detalles.

Staccato

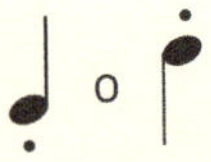

Las notas **staccato** se marcan con un punto encima o debajo de la nota. Una nota staccato se toca con un golpe de arco detenido. Escucha el espacio entre las notas staccato.

167. Tocando Staccato

168. Viajero de Arkansas

Canción folclórica sudamericana

CONSTRUYENDO HABILIDADES – Sol Mayor

169.

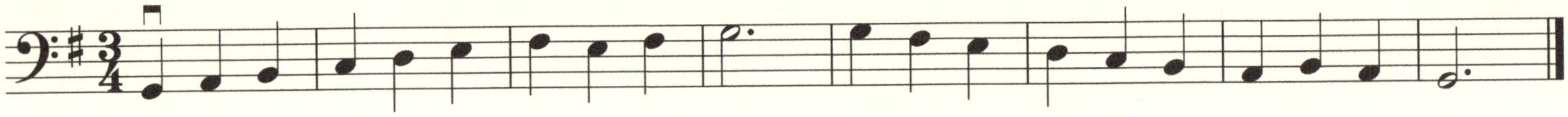

170.

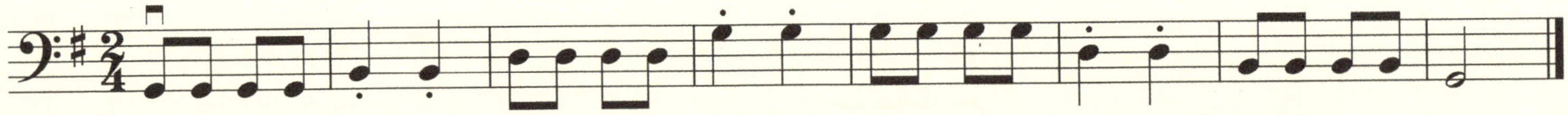

171.

172.

173.

Ligado Articulado

Ligado Articulado son dos o más notas tocadas en la misma dirección con (un espacio) o una parada entre una nota y otra.

174. Ligado articulado en Re mayor

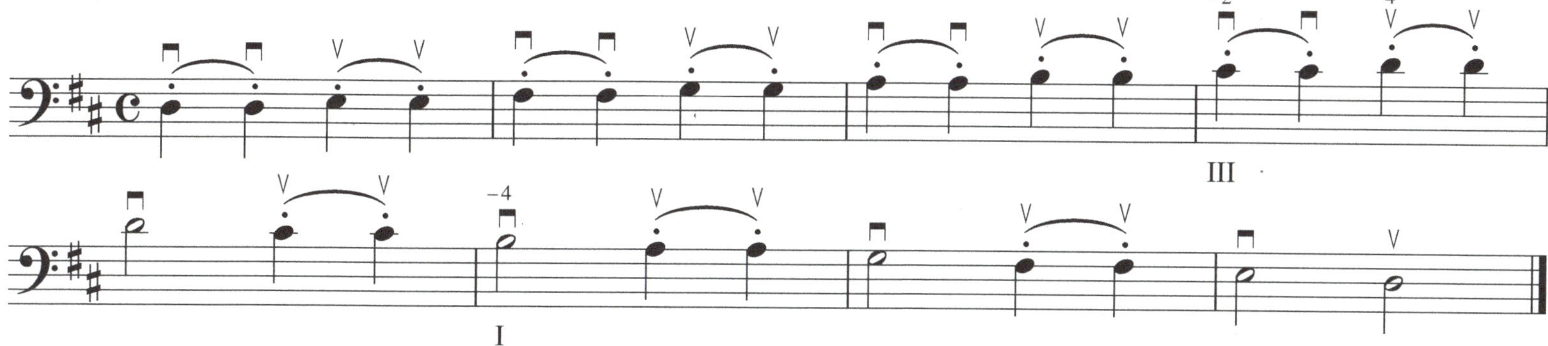

175. Arcos bailando un Vals

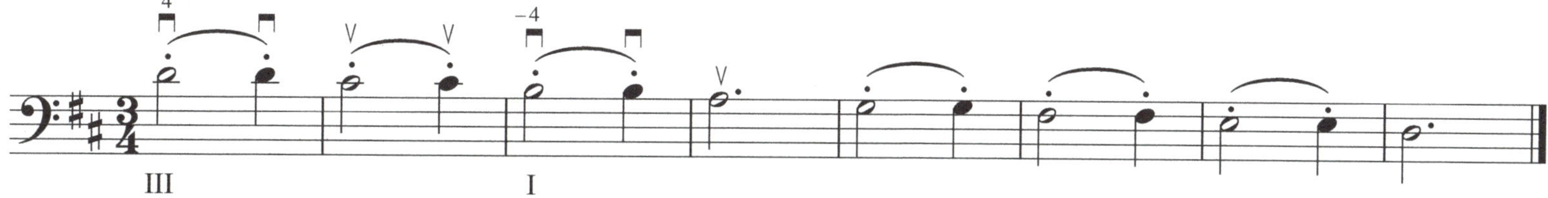

176. Pop Goes the Weasel

Canción folclórica estadounidense

Allegro

CONSTRUYENDO HABILIDADES – Do Mayor

MATICES

Los matices nos dicen en que volumen debemos tocar o cantar.

f (forte) Toca mas fuerte. Añade más peso al arco.

p (piano) Toca suavemente. Quita peso del arco.

181. Forte y piano

182. Tema de la Sinfonía Sorpresa

Franz Josef Haydn

CONSTRUYENDO HABILIDADES

Escalas y Arpegios

Añade tus propios matices a la líneas de abajo.

183. Re mayor

184. Sol mayor

185. Sol mayor *(Octava superior - violín)*

186. Do mayor

187. Do mayor *(Octava baja - viola y violochelo)*

MOMENTO ESTELAR

188. Cripple Creek – Arreglo para orquesta (A = melodía y B = harmonía)

Canción folclórica norteamericana
Arr. Michael Allen

África es un continente muy grande que está formado por muchas naciones, y la música folclórica de África es tan diversa como todas sus culturas. Esta es una canción folclórica de Kenia. La letra de esta canción describe los guerreros preparándose para la batalla. Escucha los ejemplos de las canciones folclóricas de África y describe sus sonidos.

HISTORIA

189. Tekele Lomeria – Arreglo para orquesta

Canción de guerra de Kenya
Arr. John Higgins

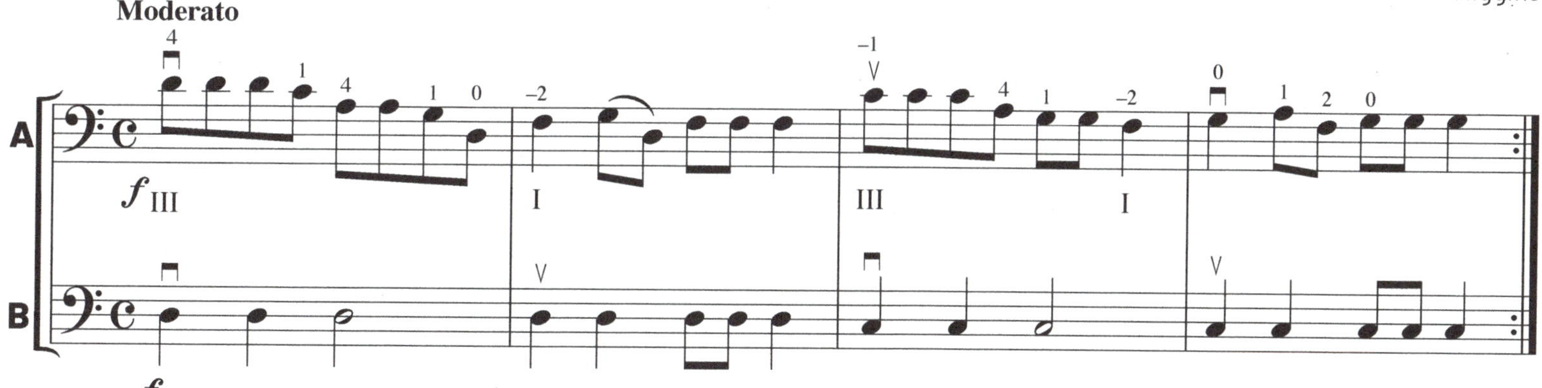

MOMENTO ESTELAR

HISTORIA

El compositor italiano **Gioachino Rossini** (1792-1868) escribió algunas de las óperas más famosas del mundo. Guillermo Tell fue su última ópera , y su tema mas popular aún se escucha en la televisión.

190. Obertura de Guillermo Tell – Arreglo para orquesta

Gioachino Rossini
Arr. John Higgins

191. Cuerdas roqueras – Arreglo para orquesta

John Higgins

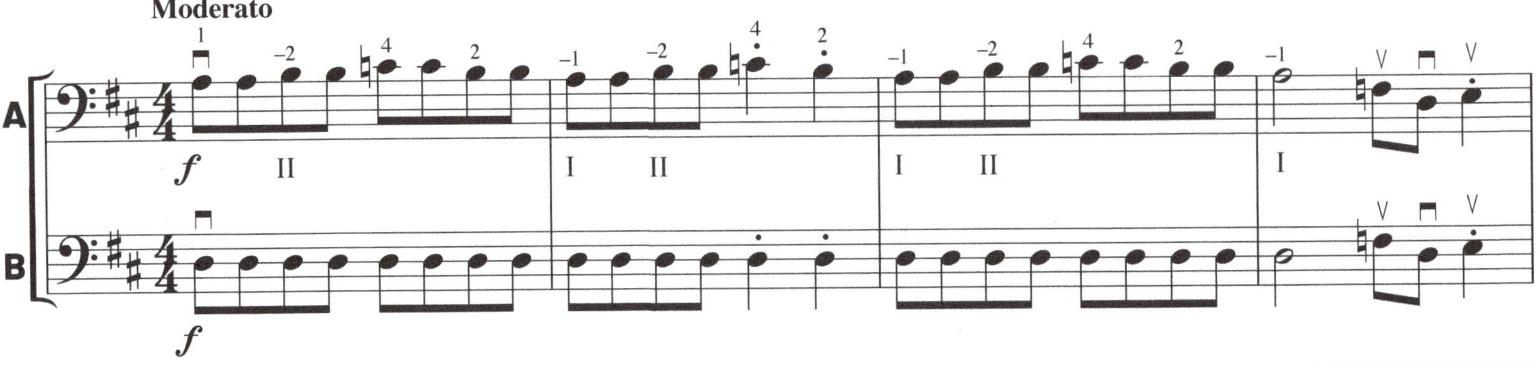

MOMENTO ESTELAR

192. Simple Gifts – Arreglo para orquesta

Canción folclórica de los Shakers
Arr. John Higgins

Andante

A
B
f
f
f III I
10
p
f
f
19
III I
p
p

MOMENTO ESTELAR

Solo con acompañamiento de piano

Un solo es una composición escrita para un solo músico, frecuentemente acompañado por el piano. Este solo fue escrito por **Johann Sebastian Bach** (1685-1750). Tú y tu acompañante al piano pueden tocar para la orquesta, tu escuela, tu familia y en otras ocasiones. Cuando hayas aprendido la pieza bien, trata de memorizarla. Tocar en un presentación para una audiencia es una parte emocionante de estar envuelto en la música.

Improvisación

Improvisación es el arte de crear libremente tu propia música.

194. Sesión rítmica

Utilizando las siguientes notas, improvisa tus propios ritmos.

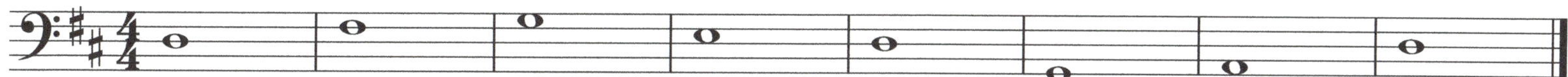

195. Melodía instantánea

Utilizando las siguientes notas, improvisa tu propia melodía (línea A) que vaya de acuerdo con el acompañamiento (línea B).

TABLA DE DIGITACIÓN PARA CONTRABAJO

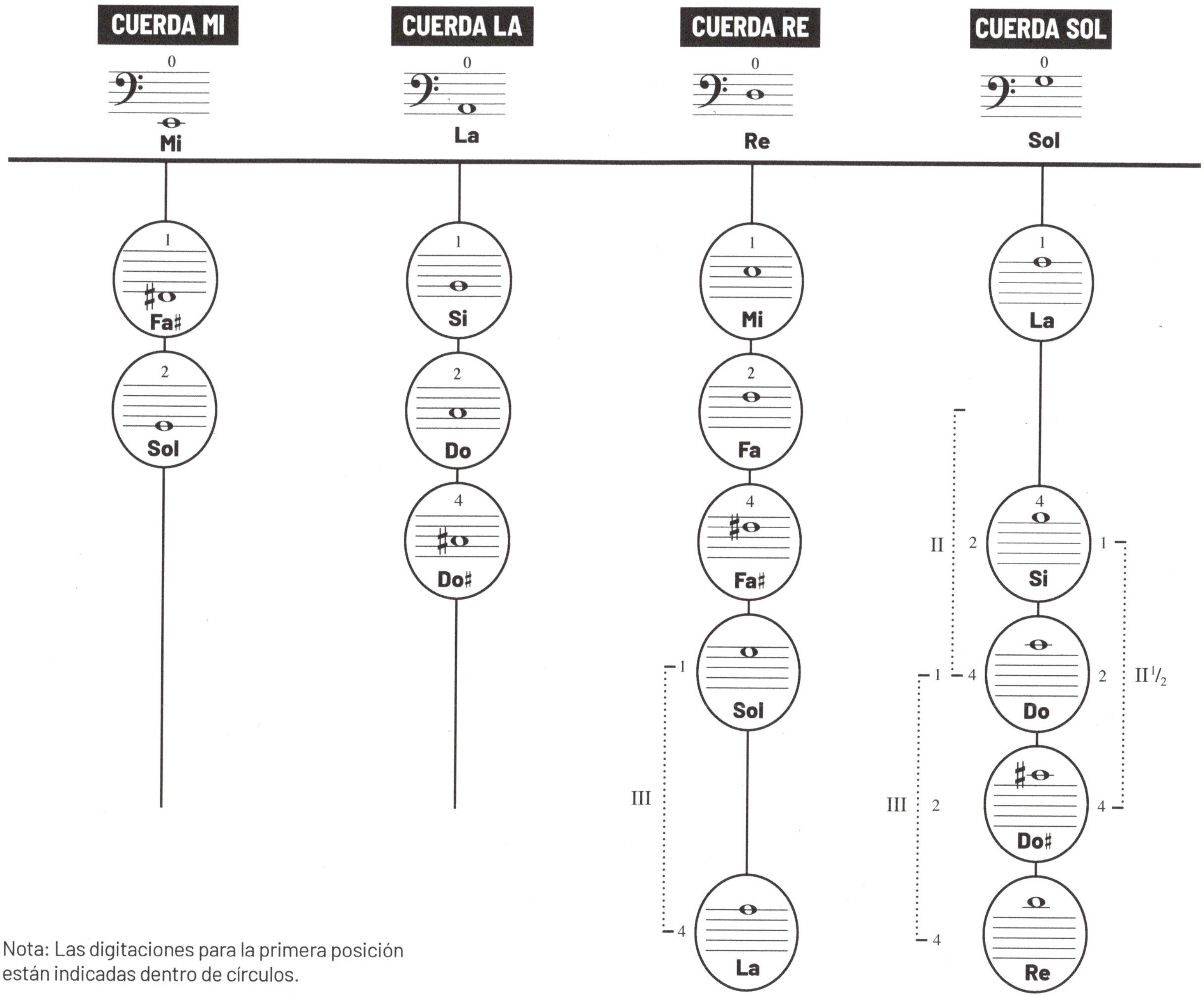

CUERDA MI	CUERDA LA	CUERDA RE	CUERDA SOL
0 Mi	0 La	0 Re	0 Sol
1 Fa♯	1 Si	1 Mi	1 La
2 Sol	2 Do	2 Fa	4 Si (II: 2; II½: 1)
	4 Do♯	4 Fa♯	Do (II: 4; II½: 2; III: 1)
		Sol (III: 1)	Do♯ (II½: 4; III: 2)
		La (III: 4)	Re (III: 4)

Nota: Las digitaciones para la primera posición están indicadas dentro de círculos.

ÍNDICE de REFERENCIA

Definiciones (páginas)

1a y 2a repeticiones 21
Acorde 24
Allegro 20
Alzar el arco 17
Anacrusa 30
Andante 20
Arco 16
Arco abajo 13
Arco arriba 13
Arco Sombra 13
Armadura de clave 15
Armonía 34
Arpegio 37
Barra de compás 4
Blanca 22
Blanca con puntillo 28
Clave de Do (viola) 5
Clave de Fa (cello y bajo) 5
Clave de Sol (violín) 5
Compas (métrico) 5
Compás de compasillo 37
Compases 4
Contando 5
Corcheas 20
D.C. al fine 30
Doble barra 5
Dúo 34
Escala 11
Forte 42
Improvisación 47
Indicación de tiempo 20
Ligado 29
Ligado articulado 41
Ligadura 29
Líneas adicionales 26
Los signos de repetición (encerrados) 22
Matices 42
Moderato 20
Natural 32
Negra 4
Notas cromáticas 33
Numero de compás 24
Pentagrama 4
Piano 42
Pizzicato 4
Pulso 4
Redonda 37
Ronda 24
Semitono 32
Signo de repetición 5
Silencio de blanca 2
Silencio de negra 4
Silencio de redonda 37
Solo 46
Sostenido 6
Staccato 40
Tema y Variaciones 35
Tono 32

Compositores

JOHANN SEBASTIAN BACH
- Minuet No. 1 46

LUDWIG VAN BEETHOVEN
- Oda a la alegría (de la sinfonía No. 9) 23

JOHANNES BRAHMS
- Tema de la Obertura del Festival Académico 39

FRANZ JOSEF HAYDN
- Tema de la Sinfonía Sorpresa 42

WOLFGANG AMADEUS MOZART
- Melodía de Mozart 15

JACQUES OFFENBACH
- Can-Can de "Orfeo en los Infiernos" 25

GIOCHINO ROSSINI
- Obertura de Guillermo Tell 44

THOMAS TALLIS
- Canon de Tallis 35

Música del Mundo

AFRICANA
- Tékele Lomeria 43

CARIBEÑA
- Canción del Barco Bananero 30

ESLAVA
- Danza de la mañana 8

ESTADOUNIDENSE
- El viajero de Arkansas 40
- La montaña de caramelos 39
- Boil 'Em Cabbage Down 24
- Pájaro Azul 33
- Cripple Creek 43
- Día de los abuelos 22
- Michael Row The Boat Ashore 22
- Old McDonald Had a Farm 14
- Melodía del Lunes 37
- Pop Goes the Weasel 41
- Variaciones sobre una canción conocida 35
- Simple Gifts 45
- This Old Man 27

FRANCIA
- A la puerta de Pierrot 22
- Au Claire De La Lune 20
- Canción Francesa 28
- Frére Jacques 24

GALÉS
- Good King Wenceslao 9

INGLESA
- Bingo 35
- Ronda Inglesa 25
- Canción de los marineros 28
- Saludo de los pastores 39

LEJANO ORIENTE
- Jingli Nona 31

MEXICANA
- Firoliralera 30

MÚSICA TRADICIONAL DE FESTIVAL
- Dreidel 13
- Cascabel 14

RUSA
- Canción folclórica Rusa 34